Emprendimiento para principiantes, sin gilipolleces en inglés.
Una historia real.

JM ESCOBAR REQUENA

'Emprendimiento para principiantes, sin gilipolleces en inglés. Una historia real', de JM Escobar Requena es una obra registrada bajo licencia **CC BY-NC-ND 4.0**. Para más información acerca de la licencia, visita https://creativecommons.org/licenses/by-nc-nd/4.0

Ilustración de portada: Juan Miguel Ramírez Prieto

ISBN: 9798555797803 (KDP)

A todxs los que en algún momento formaron parte de esta aventura y sintieron mi proyecto como suyo propio

PARTE I

En enero de 2018 yo andaba al borde del KO. Sentía que mi aventura con PEVYPE rondaba el round número 12 y que todos los boletos de apuestas apuntaban hacia una derrota de diferencia más que notable. O tiraba la toalla y evitaba los últimos 3 minutos de sufrimiento, o esbozaba un plan magistral con el que obrar lo imposible.

No hace falta ser una lumbrera para deducir que si hoy tienes este libro entre tus manos es porque me decanté por lo segundo. Ahora bien, sería deshonesto por mi parte no admitir que ciertos elementos externos fueron clave en la toma de mi decisión. Lo gracioso es que posiblemente se enteren al mismo tiempo que tú de lo que supusieron en mi vida: con la lectura de este libro.

1 LA LLAMADA DE AMAYA

No recuerdo exactamente el día que Amaya (una antigua clienta) se puso en contacto conmigo. Es más, creo que ni fue una llamada, pero ese título queda bastante más peliculero, o tendría que decir literario. Sea como fuere, me pidió un presupuesto para cubrir un evento a finales de mes. Aquel día, sin saberlo, el camino de PEVYPE cambiaría por completo. De manera meditada, la toalla estaba prácticamente arrojada, así que os podéis imaginar que aquella sacudida en forma de trabajo requería una respuesta inmediata.

Subí a la planta alta de la oficina y comencé a hacer números. ¿Cuánto tiempo más me permitían mis cuentas poder aguantar? Cogí una pizarra vieja de pared, un puñado de post-its y empecé a organizarme al estilo de una empresa americana en sus inicios. Me puse de límite finales de junio de ese mismo año, así que elaboré cinco filas, una por cada mes venidero. A un extremo, el nombre del mes. Al otro, lo que necesitaba facturar en cada uno de ellos para que las cuentas cuadraran. En medio, lo difícil. Un vacío que tendría que rellenar con más papelitos de colores: bolos, eventos y movidas varias con las que ganar dinero.

Os juro que en mi vida había hecho eso de los post-it, pero he de admitir que aquel esquemita multicolor me permitía visualizar y recordar cuál era mi objetivo cada vez que lo miraba. Quedaban tres minutos para acabar la pelea. Guardé la toalla. Eché un trago corto y fatigado, comencé a activar mi cuerpo. No sabía de dónde iba a sacar las fuerzas y la motivación, pero la decisión estaba tomada. Lo que comenzó hace seis años no moriría aquel enero de 2018.

Aquella misma tarde contesté a Amaya. Le dije que claro, que cómo no, que gracias por acordarse de PEVYPE pese a que hacía un montón de tiempo que ya no teníamos encargos por su parte. Recuerdo el evento. Se celebró en el ICEX, frente a las Cuatro Torres de Madrid, a lo largo de una mañana lluviosa. Puesto que el evento era multicámara y por aquel entonces tan solo Ona (una gata exótica que tenía por mascota) me acompañaba en la empresa, tuve que echar mano de una antigua colaboradora. Una chica francesa, de nombre Fanny, bastante alocada a la par que creativa con la que siempre había tenido buen rollo. En su día fue becaria y ahora andaba metida en proyectos más guays con Chenoa, Barei e incluso no sé si llegó a trabajar con Javier Limón, el productor musical. Desayunamos en el VIPS de al lado y le dimos caña al evento. Ya tenía el primer post it con el que estrenar el relleno de mi pizarra de objetivos.

2 EL CONDE DE GODÓ

La búsqueda de clientes era algo que siempre había odiado. Me parecía un coñazo tener que andar buscando en Internet eventos a los que le pudiera venir bien una cobertura audiovisual, un vídeo interactivo o un streaming; tareas a las que por entonces se dedicaba mi productora. Yo era más de las reuniones cara a cara y de desarrollar el trabajo en sí. Pero o me ponía las pilas en el ámbito comercial, o no habría otra forma de dar de comer a la famosa pizarra. Una vez más tocaba remangarse y bajar al barro.

Lo primero que hice fue tirar de la lista de aquellos posibles trabajos, más que factibles, que a finales de 2017 puse en cuarentena ante la más que inminente bajada de persiana. De todos ellos (no habría más de dos o tres, pero decirlo así queda mejor), el que involucraba al Real Club de Tenis de Barcelona era el más atractivo y original. Pero dejadme que os ponga en contexto.

En la primavera de 2017, PEVYPE sumó una nueva rama a su árbol de servicios: el vídeo interactivo. Una empresa valenciana con apoyo financiero del dueño de Mercadona, Juan

Roig, había desarrollado un software, en apariencia atractivo, para que el visionado pasivo que normalmente hacemos de los vídeos fuera una experiencia inmersiva. Mediante la interacción a través de botones varios, el espectador podía decidir el devenir del vídeo.

Yo no tenía ni idea de su existencia hasta que un hombre nos llamó comentando que habíamos sido una de las productoras seleccionadas para testear esta nueva tecnología becados por Microsoft. ¿En serio, hola? Efectivamente, el comercial iba de farol y se había inventado este canto de sirena para que mi inexistente dinero llenara las arcas de sus jefes, las del Mercadona o a saber. Los comerciales son comerciales y los bancos, bancos. Esta frase podría ser de Mariano Rajoy, pero grábatela a fuego. No son tus amigos, solo quieren ganar dinero.

Recuerdo que el día que vino César (así se llamaba el comercial) a venderme la moto, (en moto), no me esforcé en demasía a la hora de disfrazar mi oficina de lo que no era. Somos dos y el gato, le dije. No le importó lo más mínimo puesto que yo estaba decidido a comprar el software. Una herramienta así, en manos de una persona como yo, era la excusa perfecta para diferenciarme de los demás creando formatos innovadores. Y lo que era más importante: me abría una ventana para volver a mi yo fundacional de 2012 en la búsqueda de nuevas narrativas periodísticas. Mi puñetera obsesión, vaya.

Aquella salida de primavera y gran parte del verano me lo pasé como un loco dándole a la herramienta interactiva de César. No paré de reportar problemas o, como lo dicen ellos, 'bugs', al equipo de desarrollo de Valencia. Sin darse cuenta, tenían en mí mejor probador que un restaurante que pilla a Alberto Chicote un día con hambre.

Diseñé varias cosas: rutas interactivas para el museo Thyssen, un pseudo catálogo de sillas, juegos educativos, trivials e incluso un formato que compró una firma de venta de entradas online para los conciertos de Bruno Mars en España. Pero a mí lo que más me llenaba de orgullo fue el proyecto piloto periodístico. ¿Podía un medio de comunicación caber en un solo vídeo interactivo? Con ese mismo título lo presenté a los News Digital Awards de Google. Técnicamente, lo valoraron de lujo, pero me acabaron tirando por 'nisu'. ¿Y tú quién eres? ¿Qué cojones es PEVYPE? Me quedó claro que en una institución tan guay y moderna las reglas de juego eran las mismas que en tantos otros ámbitos rancios de la vida.

Finalmente y tras recibir más que buenas palabras de varios medios en España, tan solo la Agencia EFE me permitió presentarlo en sus oficinas. El director de área, principal aval de la propuesta, se quedó solo ante el resto de jefes de sección que veían en mi proyecto poco menos que al diablo. De nada me sirvió explicarles que ni hacía peligrar sus puestos de trabajo ni les iba a requerir un mayor esfuerzo laboral. Grabaos a fuego que el miedo de los demás a lo nuevo, a lo desconocido, a lo innovador que les presentéis, os hará fracasar en más de una ocasión. Y no será vuestra culpa, tranquilos. El ser humano es así: conformista, conservador. Os tocará lidiar con ello.

Vista la debacle, me centré en el formato que mayor acogida tuvo: el trivial interactivo. En el vídeo, una persona grabada sobre chroma (una tela verde sobre la que proyectar imágenes en edición) iba conduciendo al espectador a través de diferentes preguntas. Quien lograba acertarlas todas dejaba sus datos para entrar en el sorteo de algo que decidía el cliente. El éxito fue notable. Y es ahí donde vuelve a escena el Real Club de Tenis Barcelona (RCTB) y su responsable de prensa: Carlos.

Por aquel entonces, el RCTB se preparaba para albergar en la primavera de 2018 su 66ª edición del Trofeo Conde de

Godó, con Rafa Nadal buscando su enésima corona en la ciudad condal. Título que acabaría logrando al derrotar en la final a un incipiente Stefanos Tsitsipas. Como todo gran evento, Carlos y su equipo venían trabajando en él meses antes. Por ello y con la suficiente antelación (octubre de 2017), les planteé un formato de trivial interactivo que les iba como anillo al dedo. Su respuesta fue alentadora, pero me pidieron que les fuera a visitar para que resolviera una serie de dudas.

Parecía lógico agarrar el primer AVE y cerrar el contrato. No para mí. Pese a que seguía buscando clientes en modo autómata, mis pocos ánimos habían volado por los aires tras el NO continuado a mi diseño de medio de comunicación interactivo y a tantas otras cosas ilusionantes a lo largo de cinco años. La pereza y el hastío se habían apoderado de mí hasta niveles insospechados.

Con este panorama pasado y ya en febrero de 2018 (el torneo arrancaba en apenas dos meses) decidí que era el momento de cerrar ese contrato. ¿Estaría a tiempo? ¿Se acordaría Carlos de mí?

3 COCHE COMPARTIDO

No tardé mucho en recibir respuesta del RCTB. Carlos me confesó que ya daba el tema por perdido, pero que le seguía apeteciendo hacer algo disruptivo tanto o más que el primer día que oyó de mis intenciones. ¡Había salvado la bola de partido!

Dada mi escuálida situación económica, descarté la opción del AVE sin miramientos. Una vez más tocaba tirar de Blablacar, con el riesgo que ello supone en un viaje tan largo como hasta Barcelona. He de reconocer que mi experiencia en coche compartido ha sido buena el 90% de las veces, no obstante, el porcentaje restante permanecerá en mi memoria para siempre. Venga, va, os las cuento, que un poquito de salseo siempre viene bien.

En la primera de ellas actué como pasajero. Salíamos a las 07.30 de Conde Casal, yo y, para mi sorpresa, otras seis personas. ¿Pero este tío tiene un minibús o qué? No era el único al que le entraban las dudas y más después de media hora de espera. Para entonces tan solo una pareja de novios adolescentes y yo esperábamos el milagro de que el conductor apareciera. Lo hizo a las 08.15 tras repetidos intentos frustrados de contacto telefónico, ataviado en un look camionero descuidado y al límite de lo que se considera olor molesto. Traía un monovolumen de siete plazas al que daba un uso diario en la ruta entre Madrid y Barcelona. A 25€ la plaza, calcula. ¿Pillería española o forma de buscarse la vida?

Para cuando eché pie a tierra en la Estación de Sants, lo de menos eran ya los 45 minutos de espera. La pareja de adolescentes, bipolares, se pasaron el viaje enrollándose y discutiendo, enrollándose y discutiendo. Todo el rato. To-do el ra-to. Ante tal tesitura y sin ánimo de conseguir un resultado positivo, intenté dar charleta al camionero torero reconvertido en chófer. Sus temas de conversación eran elegantemente proporcionales a su tatuaje de ancla corrosiva y medio borrada sobre lienzo de bíceps en huelga. Así que, ante tal panorama, me eché a dormir.

Lo peor estaba por llegar. Desperté sobresaltado por un bache en la carretera nacional de Alfajarín (Zaragoza). Lógicamente la opción autopista era descartada si quería sacarle rendimiento al viaje, así que tiró por la más económica. A mí me habría dado igual si no fuera porque la amortiguación del coche era nula. Inexistente. Rota. Estropeada. Una mierda que nos hacía botar igual de tiesos que Zapatero en el balcón de Ferraz cuando ganaba las elecciones. "Pues voy a tener que llevarlo al taller", confesó el hombre. Tardé diez minutos en avisar a Blablacar y alertar al resto de usuarios sobre este individuo. A la semana, su particular puente aéreo desapareció.

Mi otro caso regulinchi en Blablacar se llamó Carmen. Tenía 50 años y una vida paralela que decidió inventarse en el asiento del copiloto de mi Seat Ibiza. "Por favor, dejadme delante a mí que ando mal de la rodilla". Toda una declaración de intenciones que no nos habría importado de no ser por lo que vino a continuación. Nos contó que su marido era multimillonario y propietario de una línea de cruceros. "Ya, claro", pensé. Mi sed de conocimiento no pudo evitar la pregunta del millón, pero su respuesta no estuvo a la altura. Al parecer, aquel día los AVE y los vuelos decidieron esquivar las búsquedas de Carmen en su teléfono móvil, del mismo modo que yo esquivé su chapa incesante de vida surrealista hasta que la dejé en un piso de la Elipa. Normal y corriente. Como la vida misma. Al menos, eso sí, me puso cinco estrellas.

Ante tal pasado reciente y teniendo en cuenta mi bajo estado de ánimo, comprenderéis que no las tenía todas conmigo durante aquella dominical mañana de febrero de 2018.

Recogí a mis acompañantes en el metro Miguel Hernández, en Vallecas. Delante se montó Luci. Argentina, habladora, culta y amante de la música; en resumen, la compañía perfecta para un viaje de seis horas. Detrás lo hizo ella, Andrea. Recuerdo que mi primera impresión fue mala. Ella lo sabe. Me pareció la típica niña guapita de la burguesía catalana con apariencia apijada y poco que aportar. Que sacara el móvil incluso antes de llegar a Guadalajara para hacer una llamada de *voy a hablar con alguien porque sí*, confirmó mis sospechas. A la par que charlaba con Luci, trataba de averiguar qué narices tenía mejor que hacer Andrea que involucrarse en conocer a sus compañeros de viaje. Deducí por sus palabras que su interlocutor telefónico tenía interés en conocer más de nosotros que ella misma.

Al cuarto de hora Andrea colgó y no se le ocurrió otra cosa que anunciar que tenía hambre. No me jodas, la tía no había comido saliendo de viaje a las 14.30. ¿Qué se pensaba que le iba a dar meriendita o un plato de verdura hervida estilo avión de los buenos? Tuvimos que parar. Como me importaba bien poco dónde, decidí hacerlo en el primer área de servicio que apareciese. Ahora que soy un frecuente usuario de la A2 reconozco que aquel sitio posiblemente habitaba en el top 5 de áreas de mierda de aquella autovía. Luci y yo nos pedimos una coca cola. A Andrea le dije que porfa, que lo que se pidiera, que fuese para llevar. No se le ocurrió mejor idea que un bocata de calamares, un domingo, en el sitio más "limpio" de la provincia de Guadalajara. La falta de casi todo lo comestible por parte de aquel lugar le evitó una más que posible crisis estomacal. Finalmente y tras la cara de póker del camarero al escuchar *pan tumaca*, se montó en el Ibiza con un bocadillo de jamón más seco que Murcia en agosto.

Pues bien, no sé qué tendría aquel 'entrepá' pero a Andrea la cambió por completo. Tanto que cuando hicimos la segunda parada en un área de la autopista de los Monegros, yo ya la miraba con otros ojos. Me bastaron sus risas y cuatro o cinco miradas por el retrovisor del centro para darme cuenta de que era alguien especial. Curraba de social media manager en un banco de nombre en latín, aunque su vocación real era la escritura. Como yo, había estudiado periodismo y como yo, tuvo que reinventarse. Algún día nos explicarán la gran estafa de sistema universitario y postuniversitario que tenemos, pero de eso, si queréis, hablamos en otra parte de este libro.

Andrea estaba tan a gusto que nos pidió animar a una amiga que estaba ingresada en el hospital. Puso el manos libres y nos echamos unas risas. Desde luego el viaje tomaba tintes surrealistas a cada kilómetro que íbamos devorando de camino a Barcelona. Por eso y por cuestiones privadas sobre ella que no relataré. Un selfie tirado con su móvil dejó una estampa para el recuerdo.

Al igual que hice con Luci, dejé a mi pasajera del asiento de atrás en su casa. Vivía en una bocacalle perpendicular a la Gran Vía en un edificio de cinco o seis plantas, calculo, idéntico a todos los que poblaban Barcelona por aquella zona. En la esquina, un bar de neones azules ejerce de guía para olvidadizos. No hay duda, allí siempre va a estar su casa, aunque ahora ya no viva en ella.

Que Andrea se dejara un paquete de galletas a medio acabar en el asiento de atrás fue la excusa perfecta para retomar el contacto con ella al día siguiente. Pero ahora, dejadme descansar en la casa de mi tío en Badalona. No os olvidéis que tengo que estar fresco para la reunión del día siguiente en el Real Club de Tenis Barcelona.

El día amaneció gris en la ciudad condal. Me duché, quemé unas tostadas y me hice otras. En ese orden. El café se lo dejé al bar de al lado, porque pese a que mi tío se empeñe, el descafeinado no despierta. De camino a mi reunión con Carlos repasé los puntos clave con los que ganarme su confianza, mientras escuchaba la Flaix FM y me comía una de las galletas abandonadas por Andrea.

La reunión fue sobre ruedas. Si os cuento que lo más chungo fue entender el funcionamiento del parquímetro, imaginad. Los cara a cara siempre se me han dado bien y poco me importaba ser ya uno contra cuatro. Carlos apenas habló. Fueron más dudas técnicas y de alojamiento web con su equipo informático que otra cosa. Cerramos el acuerdo en unos diez trivials, uno por cada día de duración del torneo. A cambio, unos 3.000 y pico euros limpios superaban con holgura el hueco habitado de mi pizarra de objetivos para el mes de febrero. Si a eso le sumamos que el trabajo iba sobre temática deportiva (mi pasión), comprenderéis que tenía razones de sobra para estar más que contento. Y claro, Andrea. No os olvidéis de Andrea.

CONSEJOS PARA PREPARAR BIEN UNA REUNIÓN DE NEGOCIOS

PRELIMINARES

Es fundamental acudir a la reunión con todo estudiado y controlado. Con esto no me refiero a tener bien aprendida la lección de lo que queremos vender o sobre lo que queremos convencer (eso lo doy por descontado), sino que debemos estudiar al interlocutor con el que nos vamos a sentar. ¿Quién es? ¿Qué le gusta? ¿Cómo piensa? ¿Qué necesidades tiene su empresa?

Para ello basta con entrar en sus redes sociales, leer alguna entrevista previa que haya podido conceder o, si es posible, preguntar a alguien que le conozca y que te cuente un poco. Os pondré algunos ejemplos prácticos, tanto positivos como negativos.

POSITIVOS.

Intentemos hilar en nuestro discurso de venta o convencimiento alguna frase reseñable que él / ella haya dicho. "Como tú mismo comentaste en aquella entrevista que te hizo la Agencia EFE, bla bla bla". Si hacemos eso, el interlocutor flipa. A todos nos gusta sentirnos importantes de vez en cuando y más que nos haga sentir así una persona a la que no conocemos de nada.

Otra cosa que funciona, pero en menor medida es empatizar con sus gustos o ideologías. Si a ella le gusta el baloncesto, pongamos algún ejemplo relacionado con baloncesto en nuestro discurso (si es de su equipo, mucho mejor; si no, tiramos de la selección, que es el equipo de todos, o eso dicen). Es preferible tirar de gustos o hobbies que de política, un tema claramente a evitar, más si sabemos que la persona que tenemos delante está en nuestro hemisferio ideológico opuesto. Si por los comentarios que vierte en Twitter u otras redes, sabemos que es un aliado, podemos hacer algún guiño sutil.

Todo esto siempre va a sumar y no nos requiere demasiado tiempo. Además, es perfectamente aplicable a entrevistas de trabajo y otros aspectos de la vida.

NEGATIVOS.
Personalmente, se me cae el alma a los pies cuando en una entrevista de trabajo y a la pregunta, ¿qué conoces de mi empresa?, la persona duda, da un rodeo y acaba por no decir nada. Si somos tan imbéciles de no haber estudiado ni a la persona que nos entrevista, ni el pasado y presente de la empresa a la que vamos, mejor callarse y admitirlo. Vas a ser descartado igualmente, pero por lo menos no sueltas burradas. Si lo haces, la falta de interés que demuestras por ti mismo y por el trabajo al que aspiras es tremenda.

Insisto en el tema callar antes de meter la pata. A veces ocurrirá que tu interlocutor soltará un término o 'palabro' raro sobre el que te preguntará y del que no tienes idea. Os pondré un par de ejemplos.

Hace poco visitaron la oficina un par de empresarios dedicados a hacer veladas de artes marciales. Querían retransmitirlas por streaming. Los días previos intenté empollar al máximo sobre el tema, pero, como comprenderéis, mi conocimiento de muay-thai era paupérrimo frente al de mi interlocutor: un ex-campeón del mundo de la disciplina. En ciertos momentos, me preguntó o buscó mi complicidad en algunos temas de los que yo no tenía ni idea. Me limité a asentir con cara de "te comprendo tío". Si hubiera entrado al toro a intentar demostrar más conocimiento del que tenía, probablemente la hubiera cagado y mostrado ampliamente mis debilidades. Eso sí, apunta (mentalmente) esos términos que no controlas y búscalos en cuanto acabe la reunión.

Recuerda: esconde al máximo tus debilidades y nunca intentes ir de algo que no eres. Te acabarán pillando.

Hay un último preliminar sobre el que la gente habla y habla. Se han escrito ríos de tinta sobre el tema y Youtube está lleno, para mi gusto, de bobadas. ¿Cómo me visto?

Mi consejo es que no os obsesionéis con esto. Simplemente sed vosotros. Ni más ni menos. También hay que tener en cuenta quién o quiénes van a ser vuestros interlocutores, además del entorno en el que se desarrolla la reunión. Empresas clasicorras requieren vestimentas clasicorras, al igual que empresas modernitas de reciente creación no requieren ir en traje y corbata. Yo, particularmente, no he ido jamás de traje a una reunión ni me he puesto una corbata en la vida. ¿Por qué? Porque no soy yo. Antepongo mi personalidad a cualquier otro factor. Creo que es fundamental y, además, si el interlocutor es avispado, se va a dar cuenta de que no te pones ese traje desde la boda de tu prima segunda.

¿Qué hago yo? Entendiendo que no soy referente de nada ni mucho menos un experto en moda, mi yo empresario ha acabado por tirar de una vestimenta intermedia para estas ocasiones: look casual basado en calzado sport o deportivas de vestir + vaqueros + americana abierta con camiseta básica debajo. Ni me paso ni me quedo corto. He ahí la virtud (o eso creo).

DURANTE

La primera tesitura ante la que nos encontramos es el momento del saludo. Seas hombre o mujer y sea cual sea tu interlocutor, da la mano. Nos evitaremos situaciones ridículas, incómodas y mostraremos especial seguridad sobre nosotros mismos, especialmente si eres mujer y tu interlocutor hace por darte dos besos. Para temas laborales yo es que directamente los vetaría. Me parece poco profesional. Otra cosa es que tras una reunión amena y distendida hayamos podido generar cierto buen rollo o confianza. En ese caso no veo mal dar la mano y acompañar esto de dos besos. Pero insisto, únicamente a posteriori.

¡Ah! Y por favor, la mano no es una sepia flácida que entregar al encuentro del otro. Ni eso ni nada parecido a intentar partir falanges o arrastrar a la otra persona a tu terreno al estilo Donald Trump. Un buen apretón es suficiente.

Procura estar acompañado en la reunión de una tablet o bloc de papel (más boli) donde tomar notas. Denota interés por tu parte. Además te servirá para apuntar aspectos interesantes, así como el nombre de tus interlocutores. De vez en cuando llamarles por su nombre suma puntos. En caso de no haberlo apuntado o no acordarte, recuerda, no la cagues y omítelo.

En la medida de lo posible, intenta mantener el contacto directo ocular. Hacerlo refuerza tu postura, aunque tampoco conviene abusar. Consiste en generar confianza y mostrarse seguro, no en intimidar o parecer un chalado lunático.

Seguir las anteriores recomendaciones nos va a ayudar a hacer que lo difícil, el aspecto conversacional, sea más sencillo. Si pensamos que una reunión es soltar la chapa y vender la moto, nos estaremos equivocando. Tan importante es eso como saber escuchar a tu interlocutor. Déjale a él o a ella que empiece, que te cuente y tú observa. De primeras, vas a ver de qué humor está y cómo se encuentra: relajado, cansado, tenso, chisposo, etc. Utiliza tu bloc y anota aquellas necesidades o aspectos de su empresa que no hubieras tenido en cuenta y redefine tu estrategia sobre la marcha. Si tenías pensado atacar con tu producto o servicio 'A' pero resulta que le puede encajar más el 'C' por lo que está diciendo, hazlo. Esto no quita que una vez propuestas soluciones a sus necesidades puedas hablarle de tu idea primaria, pero solo entonces.

Por esto mismo que acabo de deciros, soy poco partidario de preparar un guión y empollarlo a muerte. Agilidad e improvisación. Como la vida misma. No te preocupes si en las primeras reuniones no te sale. Tranquilidad, te acabará saliendo.

TU PRECIO ES TU PRECIO

Pese a que claramente forma parte del apartado 'durante', negociar un precio es más una conducta que un momento puntual. Me explico. A mí me ha llevado años entender que tu precio es tu precio. Ni más ni menos. Es el que es y hay que defenderlo con uñas, dientes y, sobre todo, argumentos razonados. No moverte ni un euro de tu precio es seriedad, garantía y seguridad en lo que haces. Por ello, todo lo que conlleve moverlo (bajarlo) en una reunión te hará perder, no solo ingresos, sino también credibilidad.

Sí o sí, tenemos que acudir a la reunión sabiendo qué vale lo que ofrecemos y por qué lo vale. Solo de este modo podremos zanjar de un plumazo las posibles elucubraciones de nuestro interlocutor para ahorrarse un dinero. Un encuentro de negocio no es ni una conversación por Wallapop ni el mercadillo de tu pueblo. Sí que es verdad que hay casos en los que nuestro comprador nos pondrá ante diferentes situaciones en las que una bajada del precio puede ser razonable. Os pondré un ejemplo sencillo. Imaginemos que preparamos una reunión en la que tendremos que dar un presupuesto para pintar una casa entera de 200m2. Previamente, hemos cerrado nuestro precio y preparado los argumentos para defenderlo. Pues bien, resulta que en la reunión el dueño de la casa te dice que, si no te importa, él compra la pintura porque conoce a alguien en Bricomarkt que le hace un súper precio. Obviamente, estamos ante un argumento irrefutable de bajada de precio. ¿Qué hacer en estos casos? Mi consejo es no dejarse llevar por cerrar la venta y decirle que necesitas echar cuentas y que le pasas el precio definitivo por mail o en un whatsapp rápido en menos de doce horas. Si nos precipitamos y buscamos dar un precio de cabeza en el momento, posiblemente perdamos dinero y lo que es peor, perdemos argumentos para defenderlo. Es entonces cuando nuestro interlocutor cobra ventaja para llevarnos a su terreno y ganar la partida.

Os pondré otro ejemplo. Uno real que me ocurrió bien poquito antes de escribir este libro y en el que podréis ver varios aspectos mencionados en aplicación práctica.

PRELIMINAR

1. Estudio del sujeto. Sí. Gracias a un amigo en común. Menos mal porque sus redes sociales eran inexistentes.
2. Vestimenta. La que os comenté con anterioridad.
3. Propuesta estudiada y análisis de las necesidades de su empresa. OK.
4. Su hobby principal era el baloncesto, la misma temática que tenía la reunión, así que fue bastante fácil encontrar puntos en común, ya que piloto bastante.

DURANTE

1. Saludo. Mano firme, más que la suya. Parto con ventaja.
2. Le dejo hablar y anoto en un bloc aquellos aspectos de su empresa que desconocía y que me hacen reorientar mi propuesta hacia un punto que ya sospechaba.
3. Mientras pienso mi nueva estrategia, procuro mantener el contacto visual aunque él no es capaz de aguantarlo ni 5 segundos. Punto para mí.
4. Tras plantear mi propuesta, confirmo que la parte que más le atrae es la que menos tengo preparada. Trato de mostrarle con confianza y seguridad que, desde luego, sí es la mejor opción, pero que no le puedo ofrecer un precio concreto porque estoy renegociando el contrato con un proveedor fundamental.
5. Le pido de margen unos días para pasarle una propuesta definitiva con un precio concreto poniendo como excusa la lentitud de respuesta del proveedor.
6. Acabamos charlando de temas de baloncesto que podemos tener en común totalmente fuera de la negociación y muestro interés en saber cómo van otras partes de su empresa.

Insisto. Este esquema de reunión me ha sido posible seguirlo 4 o 5 años después de la primera que tuve. ¡4 o 5 años! No te culpes ni te fustigues si a la primera no te sale. Y sobre todo, ten en cuenta que esto es tan solo un guión que a mí me funciona. Eres libre de modificarlo a tu gusto e incluso de ponerte el traje de la boda de tu prima.

4 BARCELONA Y MADRID

La vuelta a Madrid se me hizo más que amena. No recuerdo bien el motivo de tener que marcharme aquella misma tarde, tras la reunión y sin poner un mísero anuncio en Blablacar con el que pagarme la gasofa. Ahora bien, de lo que sí me acuerdo perfectamente fue de la compañía que me dio Andrea con sus notas de voz y el manos libres. Profundizamos sobre aspectos que no se tocaron el día anterior, pero sobre todo hicimos bastante el ganso. Su risa estridente y natural era un chute de energía directo que hacía tiempo que no sentía.

Seguramente, muchos de vosotros os preguntéis qué cojones hago contando yo movidas de este tipo. Podría deciros que porque me sale de las pelotas, que para algo es mi libro, pero no, creedme que tiene un sentido. Para emprender un proyecto en la vida, tan importante es la motivación laboral como el autoestima personal y espiritual de uno mismo. Si ninguna de las 2 está presente, buscadlas. Si una está más presente que otra, utilizad esa para encontrar la otra. Si tenéis las dos, buscad el equilibrio. Y si estáis en equilibrio, disfrutad, joder.

Emprender no es fácil por múltiples razones. Una de ellas y quizás la gran desconocida es el deterioro que sufre tu vida social. La gran inversión de tiempo y sacrificio en tu proyecto, hace que irremediablemente el tema amistades, salidas, ocio, pareja, etc, se vean resentidas. Por aquel entonces, yo había sufrido traiciones de supuestos amigos, rupturas sentimentales e innumerables gestos de lesa gratitud de personas por las que yo había hecho algo más que lo posible. Si, para colmo, le sumamos una situación familiar tóxica que recientemente había saltado por los aires, entenderéis que necesitaba un soplo de aire fresco. Andrea me lo dio, como me lo dio Jesús, el ojeador en bicicleta, pero para eso aún queda un ratito.

El éxito de la negociación en Barcelona me llevó a plantear exactamente lo mismo al torneo de tenis de Madrid: el Mutua Madrid Open, de categoría 1.000, un escalón por encima del Conde de Godó. Subía el caché del torneo, subía el precio de mis servicios. Tenía lógica. Les convencí rápido y sin ni siquiera ir a sus oficinas. Contrato firmado y a la espera de las primeras grabaciones que haríamos con tenistas y staff del torneo en la Caja Mágica (nombre de la instalación).

¿Tiene pinta de que la historia iba a acabar bien, verdad? Pues no, según vieron el éxito del trivial de Barcelona, me llamaron y cancelaron el acuerdo. "Es que claro, si lo hacemos nosotros también, vamos a quedar como unos copiotas", me dijeron. No entendía el porqué de este complejo. Bien que se repiten los stands de la zona VIP, las ostras y toda esas cositas para la élite social que rodea a los torneos de tenis. Madrid y Barcelona, ese eterno y estúpido pique.

Si os digo la verdad, tampoco es que me molestara demasiado. He recibido tantos noes y portazos que he aprendido a sobrellevarlos. Hacer un drama de estas cosas no conduce a nada, bueno sí, a perder el tiempo. Además, mi particular puente aéreo con Andrea me ayudaba a sobrellevarlo. Hablábamos casi todos los días y nos contábamos nuestras historias. Recuerdo que la animé a retomar la escritura. En su curro no era feliz y la verdad es que los pocos relatos que pude leer de ella eran una pasada. No sabía muy bien dónde iría a parar esto, pero lo cierto es que me apetecía verla, en persona, claro. Sin yo plantear nada, me comentó que planeaba venir a Madrid en unos diez días, otra vez a ver a su amiga a la que no había visto desde hacía dos años. No es que me guste hacer castillos en el aire, pero comencé a pegar saltitos internos. ¡Íbamos a volver a vernos!

Contaba las horas para que aquel día de marzo llegara, hasta que ocurrió lo incomprensible. Creedme, no os podría decir exactamente cómo lo descubrí, pero lo cierto es que lo hice: Andrea tenía pareja. Pues, ea, ya estaba el pastel servido. Aquel mismo día en una de nuestras charletas le saqué el tema. Se hizo un poco la loca y la verdad es que lo pasamos bastante por encima, aunque no lo suficiente como para no confirmarlo. Esa tarde cambió todo, hasta su foto de perfil del Whatsapp. Sí, ahora salía también con él.

Nuestra historia, o lo que aquello fuera, se enfrió. Por supuesto no vino a Madrid y aunque lo hubiera hecho, creo que no hubiera quedado con ella. Para mí fue todo un mazazo. Las conversaciones fueron disminuyendo hasta desaparecer. Recuerdo que una noche, cuando hacía ya unos días que no hablábamos, Andrea, sin saludar previamente, me mandó un vídeo al whatsapp. Era ella, tocando el piano. El autor del tema no lo supe, tampoco su título. Lo que sí pude saber es que aquel triste y emotivo lamento fue la despedida de algo que pudo ser y no fue.

Andrea dejó su trabajo y se marchó con su pareja a las Antípodas. Creo que allí pasaron casi dos años antes de volver a Barcelona. Ahora han tenido un bebé. La sigo en instagram y se la ve feliz. De verdad que me alegro y aprovecho para darle la enhorabuena y también las gracias por aquí. ¿Por qué? Pues porque aún no le dije todo lo que (sin saberlo) me ayudó.

5 JESÚS, EL OJEADOR EN BICICLETA

En la actualidad, desde la distancia y en frío, sigo valorando como clave en la supervivencia de mi proyecto aquel azaroso encuentro con la chica de Barcelona en los prolegómenos de la primavera de 2018. Bien es cierto que sumé el poco elegante 'no' del torneo de tenis de Madrid a mi lista de reveses, pero me anoté varios tantos de curros no demasiado grandes que me ayudarían con mis expectativas de marzo y abril. Lo justo para cubrir el expediente. Lo que no sabía yo es que gracias a uno de estos trabajos conocería a Jesús.

Anochecía en Madrid mientras abril contaba sus últimos días de protagonismo en el calendario. Aquel día decidí coger un Uber de camino al evento que me tocaba cubrir. No es que sea un señorito, es que ir cargado con varios trípodes, cámaras, focos, etc., no está al alcance ni de los mejores bueyes medievales. Tras girar a la izquierda en María de Molina para tomar Serrano, el conductor detuvo el auto unos metros más allá de la Embajada Americana. Ante mí se alzaba una de las múltiples sedes del Banco Sabadell en la capital.

¿Que qué se celebraba? La entrega de premios de una

competición de estrategia empresarial basada en simulación para universitarios. Un buen y antiguo cliente que, a su manera, trataba de inculcar el gusanillo de la dirección de empresas a chavales de veintipocos. Jugar a ser directivos de grandes compañías está bien, pero creo que la realidad está tan alejada... No obstante, es un evento al que me encanta acudir y contar mis batallitas a aquellos estudiantes que acceden a escuchar consejos "del que graba" en un ambiente de altas esferas.

A la clausura, acuden multitud de personalidades del mundo de la empresa y la educación universitaria (insisto en que hablaremos de ella), a los que se les pide que acudan en traje y corbata a la misma. Ese es el nivel. Yo, como estoy currando me libro, y menos mal, porque no tengo prima segunda que se haya casado. Dadas estas exigencias de look, me llamó la atención sobremanera ver a un hombre llegar al lugar de reunión con un casco de bicicleta en la mano. Encima, creo recordar, que con toques anaranjados. El ideal de la discreción.

Aprovechando que había un pequeño lapso de tiempo libre de trabajo y con la excusa de Da'FatCat (mi otra empresa de bicicletas plegables) me acerqué a él. Robusto, alto y de calva brillante, Jesús trabajaba la especialidad de los recursos humanos en una empresa de Madrid. Lo curioso es que viviendo en Colmenar, una población cercana a la sierra norte de la capital y separada de la misma por unos 35 kilómetros, acudía a su puesto laboral en bicicleta. "Por eso siempre llevo un kit para hacerme lavados de gato", apuntó mi aseado y bonachón interlocutor.

Tras hablar unos minutos y degustar algún que otro canapé, le conté al extraño del casco lo de mi empresa de bicicletas. El tío escuchaba con interés y los ojos bien abiertos, mientras hacía alguna que otra pregunta sobre mi discurso. Una vez terminé, añadiendo que además había fundado una productora audiovisual en 2012, Jesús me habló del proyecto de un amigo suyo del que él formaba parte activa: Attitude.

Attitude era y sigue siendo un programa de fomento de emprendimiento para uno de los colectivos jóvenes más infravalorados y olvidados de este país: los estudiantes de Formación Profesional. A día de hoy, un gran número de personas siguen pensando que hacer una FP es un fracaso y que existe básicamente para tener ocupada a gente que no ha valido para estudiar una carrera, un máster o algún que otro sistema de enseñanza "superior".

Con el apoyo de ayuntamientos de la zona norte de Madrid, la participación del alumnado de colegios de FP y el empuje de Ramiro (el amigo de Jesús) y los suyos, Attitude lograba año a año demostrar a esos chavales su valía e igualdad frente a otros a la hora de ser capaces de montar proyectos de emprendimiento relacionados con lo suyo.

Cada año y tras una serie de tutorías sobre emprendimiento, los alumnos participantes exponían sus proyectos ante el público presente en un centro cultural de Colmenar Viejo y eran valorados por un jurado experto. Una de esas tutorías que he mencionado, consistía en escuchar la historia y vivencias de otros emprendedores. Y precisamente a esa sesión me invitó Jesús, pero no a mirar, sino a participar como ponente. ¡Pero si no me conocía de nada!

Yo, que me apunto a un bombardeo y que me encanta compartir experiencias para ayudar a gente que empieza, le respondí con un sí rotundo mostrando mi más sincero agradecimiento. El, por qué no decirlo, buen ojo de Jesús y la confianza que había depositado en mí sin conocerme de nada, fue refrendada por Ramiro, su insensato colega que le dijo que sí. En menos de 10 días ya habían anunciado mi charla ante aproximadamente un centenar de chavales, el profesorado de los centros participantes y algún que otro cargo político. Y yo, tan contento.

Ataviado con un look de todo menos formal me presenté en el centro cultural Pablo Neruda de Colmenar. Mi charla estaba programada para ser la última, aproximadamente sobre las 13.30, pero como iba a ser mi primera vez con esa gente, decidí acudir desde primera hora de la mañana. Sentía una elevada carga de curiosidad por conocer el funcionamiento del sarao, a los otros ponentes y sobre todo por el público al que me enfrentaba. Con ese cometido y pese a tener un asiento reservado en la primera fila, me incrusté en medio del aforo. La homogeneidad en la edad (veinteañeros), no era la misma en cuanto al grado de interés. Allí había de todo. Algunos alumnos jugaban con sus móviles, otros cuchicheaban y algunos incluso atendían a la primera charla. No sería fácil captar su atención, desde luego, pero con que mi discurso le fuese útil a una decena de ellos me iba a dar por satisfecho.

Aproveché la pausa del café para ir a por las bicicletas. Había llevado los tres modelos plegados en el Seat Ibiza. Creí que sería guay que los alumnos y los allí presentes pudieran verlos y toquetearlos. Parece una perogrullada, pero os sorprendería la cantidad de gente que habla de las bondades de sus productos y servicios sin llevar una muestra a su interlocutor.

Finalmente y tras algunas charlas algo aburridas llegó mi turno. No sé si para bien o para mal, pero desde luego mi intervención iba a ser lo más diferente que se viera aquella mañana en el Pablo Neruda. Con un lenguaje directo (algún taco incluido) y una carga de humor, comencé planteando una encrucijada a los alumnos. ¿Cómo creéis que va a ser vuestra vida? La pregunta la extraje de un fragmento de uno de los episodios de Salvados de Jordi Évole en el que el presentador aborda con esa misma cuestión a un joven en el metro de Madrid. La respuesta que le da es un balazo directo de frustración y realidad disparado por toda una generación: la mía y la de tantos otros que por primera vez en la historia vamos a vivir peor que lo hicieron nuestros padres. O al menos eso es lo que nos tiene preparado el orden social preestablecido. En el capítulo de Salvados, el chico entrevistado le comenta a Évole su rutina: "Mi vida va a ser una mierda. Me levanto a las 6 de la mañana para meterme en un vagón de metro hacinado, de camino a un curro en el que me pagan una miseria y que encima no me gusta demasiado. Además, todos los días tengo que comer en un táper. Pero qué le voy a hacer, es lo que hay".

¿Queréis vivir una vida así o queréis ser libres?, le planteé a la audiencia. El primer objetivo ya estaba conseguido: capté la atención de todos. A lo largo de toda mi intervención y como trato de hacer en este libro invito a todo el mundo a que explore la otra vía, la vía de la libertad, la vía del emprendimiento. Pero ojo, emprender no es para todos. Conlleva unos riesgos, grandes, que te pueden joder la vida para siempre. Por eso si lo vas a hacer, debes estar muy seguro y debes hacerte con una serie de habilidades que os iré tratando de desgranar.

Además de mostrar una serie de puntos clave que debe cumplir todo emprendedor, les conté mi aventura en el camino con Da'FatCat. Hubo risas, preguntas, anotaciones… y sobre todo sinceridad en su mirada y sus aplausos. El acto había acabado. Tras recibir la felicitación de alguna de las autoridades presentes, como el Concejal de economía de Colmenar y especialmente del equipo de Attitude, nos marchamos a comer. Salíamos del centro cultural cuando una señora se me acercó, me cogió del hombro y me dijo: "Soy la profesora de uno de los centros de FP participantes. Quiero darte las gracias por tu charla, por lo que has contado y por la verdad con la que lo haces. Desde luego a mis alumnos les habrá servido de gran ayuda". Si aún no habéis oído hablar de lo que es el salario emocional, aquí tenéis una muestra. Aquellas palabras no las olvidaré en la vida.

CONSEJOS PARA DAR UN DISCURSO EN PÚBLICO

Hay personas que nacen con el don de comunicar, que disfrutan subiéndose a un escenario para simplemente hablar. Cuantos más ojos, mejor, más se motivan y mejor comunican. Si eres de esos, enhorabuena. Si no, a ver si puedo echarte un cable humildemente.

Hablar en público es algo que, desgraciadamente, no se enseña en las escuelas y que debería ser tan importante o más que muchas asignaturas y temáticas a las que se dedican horas. Emprender sin duda va de la mano de comunicar. Está muy bien que uno mismo crea en su proyecto, pero si no puedes contagiar tu sensación a otros, te va a ser imposible. Tu primer empleado, el amigo o familiar que te presta pasta, la persona del banco, algún que otro proveedor y no digamos tu clientela. La actuación de todos ellos depende de ti, de lo que les transmitas.

Insisto en que, como en todo, hay expertos en el arte de hablar en público que seguramente sepan mucho más que yo (o al menos intentan parecerlo). No está mal que investigues compares y te quedes con aquel aspecto de cada uno que crees que a ti te puede servir. Como vengo haciendo con este libro, mi ánimo es ayudarte basándome en mi propia experiencia y en aspectos que me han funcionado. Vamos a ello:

CONTROLA TUS BRAZOS Y PIERNAS

Parece una tontería pero no lo es: las extremidades nos sobran a la hora de hablar. ¿Por qué? Parece obvio. Esta afirmación (errónea) es lo que siente todo aquel bicho viviente que experimenta por primera vez la sensación de hablar en público. ¿Qué hago con mis manos y mis pies?

Al estar de pie y en un estado elevado de nervios, nuestras piernas tienden al tembleque. Tenemos que evitar que eso ocurra. ¿Cómo hacerlo? Camina. No estés estático. Tampoco es necesario que corras de un lado a otro del escenario como un poseso. Hazlo con calma, pasos cortos y lentos que acompasen el ritmo del que quieres dotar a tu discurso. No solo dejarás de temblar si no que además vencerás la sensación espacial esa de "ostia que grande es el escenario".

Ojo que estar sentado no nos libra del tembleque y de qué hacer con nuestras piernas. Quedarse con las dos piernas rectas, juntas y paralelas, da toda la sensación de rigidez. Mi consejo es que crucéis una pierna sobre la otra de la forma en que más a gusto os encontréis. Ahora bien, cuidado con esta opción. Si no quieres que se te duerma la pierna y convertirte en Robocop al levantarte, deberás cambiar con frecuencia la pierna que cruza sobre la otra. Ante el más mínimo síntoma de entumecimiento, piiiiii, ¡cambio!

Las manos. ¿Qué hacer con las manos? Por supuestísimo prohibido meterlas en los bolsillos. Ya ni hablemos de posturitas raras. Ni sois una taza, ni una tetera, ni un cucharón. ¿Entendido? Sin lugar a dudas, la mejor manera que tenéis de controlar las manos es tenerlas ocupadas con algo. Os parecerá cutre pero yo no me cansaré de recomendar el famoso truco del boli Bic. Bic o la marca que os dé la real gana. Eso sí, con mesura, que os conozco. Ni queremos rotus de colores estridentes ni la varita de Harry Potter (y ojo que soy el primero que la tiene en forma de boli). Creo que me habéis captado. Sostener el boli en una mano y de vez en cuando acudir al auxilio de la otra es algo imprescindible para este que os habla. Lo he utilizado hasta en la radio cuando supuestamente nadie me veía. En serio, la seguridad que aporta es una maravilla.

Fundamental usar este truco tanto si no tenéis micro, como si os ponen uno de corbata o diadema que os deja manualmente vulnerables. En el caso de utilizar micro de mano seguiría recomendando tirar de boli. Micro en la débil (si eres diestro, la otra y viceversa) y boli en la dominante que es la que tiende a moverse más.

Tened en cuenta que os estoy hablando de trucos y consejos básicos. Si querés profundizar y convertiros en Ferreras o en azafatos de vuelo, sois libres. Desde luego el mundo de la gestualidad manual es todo un reto al que de momento no me he enfrentado.

EL DISCURSO

De la vestimenta y esas historias no os voy a hablar de nuevo. Sé que os encanta leer mis reseñas de moda, pero dejadme que me las reserve para otro libro. Hablemos del discurso. Al contrario que con las reuniones, en esta ocasión sí veo conveniente el previo diseño y ensayo de un esquema guía. Tu alegato es el que es y nadie lo tiene por qué modificar, así que asume esa certeza para hablar de lo que te dé la gana. Con cabeza y sentido, claro. Verás que una vez que lo hagas varias veces, apenas necesitarás ese guión previo y te saldrá solo.

ELABORACIÓN DE UNA ESTRUCTURA

¿Cómo empezamos? Hayáis o no hayáis tenido un predecesor y haya sido este un coñazo o todo lo contrario, os recomiendo que siempre empecéis de la misma manera: captando la atención de vuestra audiencia con algo que les influya o afecte en primera persona. Esto no es nada nuevo y lo vienen utilizando libros y películas desde el año pun. Los famosos tráilers o, mismamente, la contraportada de este libro buscan llamar la atención y hacer que el usuario o espectador se anime a leerlo, ver la película o, en tu caso, seguir escuchándo.

El gran truco para un buen speech es hacer consciente a la audiencia de su realidad actual y mostrarles cómo esa realidad puede mejorar con lo que tú les estás contando o les vas a contar. En otras palabras, ponerles frente a un espejo y que reaccionen. Ya visteis cómo lo hice yo con los alumnos de FP, pero ensayemos otros casos.

EJEMPLOS

Fijémonos en las operaciones de estética, los anuncios de comida de mascotas, coches o incluso el de Wallapop: si no te gusta, súbelo (y gana dinero). En este caso y si haces lo que te digo, pones orden y ganas pasta. Y ya, para vacilada máxima, aquel (creo que de Iphone) que se limitaba a decir: "si no tienes un Iphone, pues no tienes un Iphone". Solo le faltaba escupirte a la cara y llamarte perdedor por no tenerlo.

Por tanto, si vuestro discurso busca presentar las bondades de un producto o servicio, empezad con la más chocante, disruptiva o la que penséis que puede captar mejor la atención de la audiencia. Prioriza y ordena las restantes en función del tiempo que tengas para hablar y del tipo de audiencia a la que te enfrentas.

Una vez tenemos por dónde empezar, necesitamos

mantener la atención y de vez en cuando meter los llamados 'alivios cómicos'. Mostrar a la gente que puedes pasar de una seriedad y convencimiento absoluto a un chiste o situación de humor va a hacer que te los metas en el bolsillo. Como dijo aquel, no basta con vencer si no que además hay que persuadir, engatusar, diría yo. No nos pasemos con el humor de colores raros: ni negro, ni mucho menos verde. Hay que ser sutil, suspicaz, metafórico y utilizar elementos que estén de actualidad, situacionales (relacionados con el lugar de tu speech), etc. ¿Para qué? Para que la gran parte de las personas se enteren. Que si no, haces el ridículo.

USO DE ELEMENTOS AUDIOVISUALES
Si la sala dispone de la tecnología pertinente y el evento lo permite, utiliza en algún momento de tu speech música o fragmentos de series o películas que tengan que ver con tu temática y que, insisto, pueda conocer la gran parte de tu público. Si mi audiencia son millenials (nacidos durante los '80 y los '90), no vale con ponerles un cachito de 'Las chicas de oro' o si me apuras, 'Farmacia de guardia'. El uso de estos elementos funciona de un modo similar al alivio cómico y ayuda al público a sentirse identificado e incluso a entender mejor tu discurso. Además a ti te servirá para descansar, beber agua y volver a repasar tu esquema.

¿Utilizo o no utilizo un Power Point (ppt)? No soy un odiador del ppt, pero tampoco un amante. Os lo digo porque seguramente os encontréis con las dos corrientes. Ahora bien, tenemos que tener muy claro qué no se tiene que hacer con el ppt. Grabaoslo a fuego: el ppt no se lee. Entre leer un ppt a la audiencia y salir en un plasma como hacía Rajoy, encuentro pocas diferencias. No seas ridículo, la gente sabe leer.

¿Para qué sirve entonces un ppt? Para acompañarnos y ayudarnos a ilustrar situaciones que se hacen difíciles de explicar con palabras: gráficos, imágenes, tablas, etc. Además, nos servirá de guía en el discurso tanto a nosotros como a nuestro público. Divídelo en secciones, enuméralas y ponlas un título. Ni te perderás, ni se perderán. Y por supuesto utiliza la última diapositiva para indicar una o varias formas en las que se pueden poner en contacto contigo. Con un mail de trabajo, el Linkedin (hay que crearse uno sí o sí) y twitter (sólo si lo usas de un modo profesional), serviría.

Recuerda que estos trucos no te harán conseguir el espíritu orador de Barack Obama, pero sí que te permitirán, a buen seguro, tener más herramientas para el éxito que él tuvo la primera vez que habló ante una audiencia relevante. Partes con ventaja. Aprovéchala.

6 DE VIAJE A SAN SEBASTIÁN

Pese a no haber visto un duro (ni lo quise ni lo querré) con el proyecto de Attitude y pese a que estuvo más relacionado con mi empresa de bicicletas que con el plan de salvación de la productora audiovisual, todo ello repercutió de manera favorable en mi autoestima de empresario atípico. No os lo he contado, pero incluso me propusieron para formar parte del jurado de aquel certamen junto a gente preparadísima y otros cargos de relevancia. ¡Qué honor!

Había que convertir aquel chute de energía en post-its con los que rellenar la ya famosa pizarra de objetivos. Hasta el momento iba cumpliendo con las cifras pero cada vez más raspado. Entre tanto y durante aquella primavera de 2018, una antigua cliente, a la que puedo considerar amiga me propuso que le ayudara. Quería montar su propio proyecto de entrevistas a personajes con historias potentes de superación y esfuerzo. Personas que se hubieran creado a sí mismas. Ella pondría la pata de producción, siendo la cara visible de todas las entregas, y yo me ocuparía del tema audiovisual. Al tratarse de un proyecto autofinanciado, sus recursos eran bastante limitados, pero a mí, en ese momento, cualquier pequeña aportación me valía.

Entrevistamos a tipos diversos, poco conocidos, pero con experiencias vitales totalmente enriquecedoras. Destacaría por encima de todos a Amuda Goueli, fundador de la agencia de viajes virtual Destinia. Su camino es de película: de nacer en la nada en medio del desierto de Nubia (Egipto), a ser todo un pionero en el mundo del turismo online en España. Pero sin duda, lo que más ilusión me hizo en aquel proyecto fue conocer al chef de chefs: Martín Berasategui. Para los poco duchos en la materia, sí, el de "garrote" que sale de vez en cuando en Masterchef.

Partimos camino a San Sebastián pasado el mediodía de un domingo soleado. Mi clienta, Marina, llevaría el coche, porque yo iba en plan huevito: gastos pagados y obedeciendo instrucciones. Qué bien sienta, de vez en cuando, no llevar la voz cantante. Aquel viaje, fue surrealista. Lo curioso es que no fue por Berasategui, si no por un protagonista inesperado. Julen, ay Julen. Caballero andante de setenta y pico con un aire a Tywin Lannister (el padre del enano de Juego de Tronos) cuyo objetivo a esas alturas de la vida era el mismo que el de una crema antiarrugas: luchar por no envejecer. Mientras la primera se mostraba en Mercadona, el otro lo hacía por la Bahía de la Concha. Y, oye, la verdad es que lograba dar bastante el pego.

Pasado Burgos, Marina me contó que se sentía en deuda con Julen. Al parecer, éste había sido clave para conseguir el sí de Berasategui a un proyecto que apenas gozaba de reconocimiento en redes sociales. Vamos, que si se lo pido yo, no me hace ni caso. Tranquilos, no sería la primera vez. Para devolverle el favor, me pidió que aquella noche acudiera con ella a su cena con Julen. ¿Cenar en el restaurante de un hotel de 5 estrellas en una de las capitales de la gastronomía mundial? Creo que adivinar mi respuesta no tiene mucho mérito.

Tras dar un buen paseo por la Concha y la zona de tapas de San Sebastián, llegamos al hotel. Se había levantado fresquete y yo no llevaba nada en la maleta para combatirlo. ¡Yo que sabía que nos íbamos a ir de cena! Nuestro caballeroso acompañante llegó algo tarde. Se disculpó con clase y nos invitó a pasar. El sitio era la pera y más para mí que lo más cerca que había estado de la alta cocina era viendo la tele. El show de Julen estaba a punto de comenzar.

Antes incluso de sentarnos, Marina decidió que necesitaba ir al baño. Fue entonces cuando nuestro Julio Iglesias de apellido vasco, que no pronunciaré, comenzó con sus movidas dieciochescas. "No, no. No te sientes ahí. A la mujer hay que arroparla. Protegerla." Lo cierto es que hice caso a su pamplina. Marina estaría frente a Julen y yo quedaba en fuera de juego. Tenía todo el sentido (para él). En ese aspecto me recordó a mi abuelo, un galán incomprendido hasta el final de sus días.

Julen nos dijo que no miráramos la carta, que iba a hablar con el chef y que nos iba a sacar un variadito de lo mejor de la casa. Rápidamente comprendí que ese hombre de camisa vaporosa negra, ojos claros y cortinilla de pelo cano, era el puto amo en San Sebastián. Heredero de una familia de la aristocracia vasca, poseía una empresa hiperconocida líder en su sector cuya sede central se encontraba en un chaletazo ubicado en una de las colinas de la ciudad con vistas a La Concha. Era un tipo refinado, educado, culto y con un interés fuera de lo común tanto en mis labores como en las de Marina.

Pese a sus intentos lamentablemente ingeniosos a la par que insistentes piropeando a mi clienta y algún que otro comentario machirulo de épocas lejanas, Julen nos hizo pasar una velada agradable. No os podéis imaginar el regalo que la cena supuso para mi paladar (por razones obvias) y sí, también para mis oídos. Pocas personas habían mostrado, sin apenas conocerme, tanto interés en mis actividades y alabado de esa forma mi carrera como emprendedor. Incluso me dijo que contrataría mis servicios para un proyecto audiovisual en su empresa y hasta que me compraría una bicicleta para ir del trabajo a su club privado. Un James Bond jubilado y ecológico. Pa' quererle.

Ante esas promesas me fue más fácil perdonarle por querernos llevar de vuelta al hotel. Sí, sí, habéis leído bien, perdonarle. Pues no va el tío flipado y se trae el descapotable biplaza sabiendo que éramos tres... Por supuesto, a mí me tocó detrás. Y digo detrás porque aquello no podía ser considerado asiento. No si tienes que entrar con la cabeza por delante en posición horizontal con doble tirabuzón y medio, y mucho menos si para sacarte tienen que tirar de tus zapatillas como si fueras una pieza de embutido. No sería la última vez que viéramos a Julen durante aquel viaje.

A la mañana siguiente conocimos a Martín Berasategui. El coleccionista de Estrellas Michelín se encontraba reformando su restaurante bandera en Lasarte-Oria, una población a las afueras de San Sebastián. Fue su hija quien nos recibió para conducirnos al lugar de grabación. Nos preguntó que dónde estaba el resto del equipo técnico. Mi respuesta la descuadró bastante, pues solo yo me bastaba con todo el tema de focos, audio y cámaras. Me juego lo que queráis a qué debió pensar que quién narices le había concedido una entrevista con su padre a estos mindundis. Hasta que vio el resultado, claro.

Que las apariencias engañan es algo a lo que tendréis que acostumbrar a vuestro cerebro empresarial. No os dejéis llevar por los prejuicios y nunca descartéis algo o a alguien si disponéis del tiempo necesario para poder conocerlo. A veces, invertir tiempo en algo que damos por supuesto, nos puede propiciar sorpresas y resultados excepcionales.

Martín Berasategui no era una excepción. Bajito, con orejas de duendecillo, bonachón y humilde como él solo. Tras un buen rato de charla y si no fuera porque conocemos su CV de memoria, nadie se aventuraría a decir lo que significa su figura para el mundo gastronómico. Que sirva su ejemplo como inspiración para todos los que abrazáis este libro y pensad que vuestro yo de ahora fue igual que el del Martín que empezaba.

Pese a la admiración que le profesaba y le profeso, hubo dos aspectos que encontraron cierta oposición por mi parte. La primera, que casi me rompe la mano cuando me la dio. La segunda, su oda excesiva al trabajo. Tened en cuenta que desde bien pequeño este hombre no conoció otra cosa que la dedicación en cuerpo y alma al negocio familiar personificado en sus mayores y referentes. Son tantas y tantas las personas que han salido adelante con sangre sudor y lágrimas, que solo les podemos estar agradecidos. El talento, del que Martín renegaba colocándolo a kilómetros del trabajo, también existe y se cultiva. El uno no existe sin el otro. Que no os engañe, el chef rebosa ambos conceptos.

Toda esa ilusión y motivación que el cocinero vasco le pone a sus recetas se trasladó a su entrevista. Se emocionó, se sinceró y habló de todo largo y tendido durante más de hora y media. Incluso ya fuera de micros, Martín nos guió por todo el restaurante enseñándonos reliquias, fotografías y objetos que no solía mostrar al público y que para él atesoraban un gran valor. Nos acompañó a la salida y se emperró en llevar él la maleta más pesada con todos los bártulos de grabación. No me dio tiempo ni de réplica cuando ya iba escaleras arriba con el macuto: "¡Si yo tengo garrote para esto y para más!".

Con el placer del trabajo bien hecho pensé que ya tiraríamos para Madrid. Me equivocaba. Julen, nuestro nuevo mejor amigo se había emperrado en invitarnos a comer. Sí, de nuevo, pero esta vez, en su club privado en uno de los extremos de la playa de la Concha, con vistas a la bahía y observador en primera fila de la oscilación de mareas del Cantábrico. Otra muestra más de putoamismo, aderezada con su empeño previo en enseñarnos su empresa. ¿Recordáis que os hablé de ella, del chaletazo con vistas? Lo hice con conocimiento de causa puesto que al anfitrión le faltó enseñarnos el cuarto de baño y el de las basuras. Una a una iba abriendo todas las puertas del lugar presentándonos al personal de cada departamento. La primera vez me pareció gracioso, a la tercera me dio vergüenza y a la quinta estaba hasta las pelotas. Ni que fuéramos de la realeza, por dios, qué exceso de agasajo.

Al club se accedía con clave secreta. Por algo menté a James Bond. Era una especie de barco abandonado reconstruido, forrado todo de madera. Tenía su restaurante, zona de lectura, terraza, licorería e incluso unos vestuarios para poder cambiarte y darte un baño. Lo dicho, una pasada.

Algo más relajado en sus flirteos que la noche anterior, Julen nos contó batallitas familiares e historias varias típicas de cualquier relación nieto-abuelo. Relatos íntimos ante un desconocido sediento de escuchar. A mí ya me tenía ganado y más cuando volvió a interesarse por mis negocios y en darme su ayuda para llevarlos a buen puerto. Incluso volvió a recordarme que me compraría una bicicleta; el modelo James Dean, por supuesto.

Acabamos el café de sobremesa y marchamos a Madrid. A día de hoy no he vuelto a saber de Julen. Ni me compró la bici, ni hice vídeos para su empresa ni me escribió un triste whatsapp. Tan solo de vez en cuando se pone en contacto con Marina, quién sabe si en busca de su última aventura como caballero andante. Extraigan sus propias conclusiones.

7 ALVARITO Y LAS ALBÓNDIGAS DE IKEA

La historia de Julen no fue sino una más que añadir a una larga lista de decepciones personales. Siento ser así de crudo, pero te van a ocurrir. Son difíciles de detectar, pero todas tienen un denominador común: el interés. Interés por algo que normalmente se resume en dinero, trabajo o amor/sexo. Te puede tocar de modo directo o indirecto, como fue mi caso en esta última historia. Mi colección es larga y en algunos casos, dolorosa. Tened en cuenta que os he contado un ejemplo muy leve.

En ciertas ocasiones, me han dicho que he cambiado, que me he vuelto más frío, distante a lo sumo. Si lo he hecho, no he sido consciente de ello. No se puede vivir con miedo a la decepción. Ponerse muros, máscaras y tratar de ser alguien que no somos, solo nos traerá, a la larga, frustración. Acepta que te puede ocurrir y trata de sobrellevarlo lo mejor que puedas. Y eso sí, a la mínima sospecha disipa tus dudas.

Mientras reflexionáis sobre el tema, dejadme que vuelva al lío. El 30 de junio, fecha final de la misión para salvar mi empresa, se acercaba. Con lo bien que iba, un hecho inesperado me obligó a destinar una partida importante de dinero a reemplazar cierto material que me había sido robado. Es algo que puede pasar aunque a mí no me habían robado en la vida, ni siquiera el típico 'cani' que te pide un euro de chaval. Es por eso por lo que las grandes empresas destinan parte de sus beneficios a lo que llaman amortización de inmovilizado material.

Resumiéndolo al idioma de este libro de una manera sencilla: si te compras un ordenador en 2012, en máximo diez años tendrás que cambiarlo por obsolescencia o porque ya no funciona. Si cada año guardas una pequeña partida pensando en ese reemplazo, te será más fácil abordar la compra que si la tienes que hacer de golpe en el momento que eso ocurra. Creo que se entiende, aunque en los inicios bastante tenéis con sobrevivir como para pensar en estas cosas...

¿Que qué me robaron? Veréis, una mochila entera con: un ordenador portátil de edición de vídeo, la cartera, un objetivo de la cámara réflex, la tablet, mis gafas, las llaves de casa y de la ofi y otras cosillas varias pero menos importantes. Menos mal que el móvil y las llaves del coche estaban en el bolsillo de mi pantalón. Lo peor de todo es que el evento fue en Barcelona. Me tuvo que dejar mi tío 50€ para echar gasolina y así poder volver a Madrid. ¡Qué faena! Desde ese día, no le quito ojo de encima a los bártulos con los que trabajo.

Fue en esa misma semana, ya en casa, cuando recibí un mensaje al whatsapp totalmente inesperado. La última vez que supe de Alvarito fue probablemente su último día de prácticas en el Diario Marca. Ambos entramos de becarios en la sección de 'cierre y edición', para prácticamente no hacer nada. Recuerdo que la gente nos apodaba la pareja de la Guardia Civil, ya que siempre andábamos dando paseos por la redacción en busca de alguien que necesitara que le echáramos un cable. Aquel verano de 2011 fue desesperante. Mi sueño siempre había sido trabajar de periodista deportivo, por eso cuando se me presentó la oportunidad de entrar en Marca no lo dudé ni un instante. Renuncié a mi puesto en la sección multimedia de Antena 3 Noticias y para allá que me fui.

Imaginad cómo me sentí cuando el primer día en mi nuevo lugar de trabajo, uno de los jefes se acercó tanto a mí como a Alvarito y nos dijo: "si habéis entrado pensando que vais a escribir y firmar en el periódico ya os podéis ir olvidando". Aquel señor era un gilipollas. Al salir llamé a mi novia y me eché a llorar. Me esperaba un verano de mierda.

Mi compañero de beca y yo entrábamos todos los días sobre las 17.00 y marchábamos pasada la medianoche. La hora variaba en función de cuando decidía cerrarse la edición del día (mandar a planchas, a imprimir, vaya). Nuestra labor era una basura, por su contenido en sí y porque una persona se las bastaba y sobraba para llevarla a cabo. Por eso, en función del compañero redactor fijo que nos tocara cada semana, a veces no rascábamos bola. Eso sí, siempre nos dejaban el marrón de pintar el periódico de pasado mañana. ¿Que qué era eso? Pues veréis, nos daban una planilla en papel que simulaba en miniatura las cuarenta páginas del diario. Lo primero que teníamos que hacer era distribuir dónde poníamos la publicidad. Según hubiera pagado el anunciante se le ponía en uno u otro sitio, pero eso no era lo peor. Después de los anuncios era el turno de repartir páginas a las diferentes secciones del periódico, o lo que es lo mismo: la guerra.

La sección de polideportivo, vivía arrinconada en una esquina de la redacción, al igual que en el papel, y siempre estaba cabreada porque no le dábamos páginas suficientes para contar sus historias. Y eso que el verano de 2011 fue una mierda, futbolísticamente hablando. Copa América y poco más. Los días que polideportivo lograba hacerse con un cuarto del periódico, para ellos era fiesta. Tened en cuenta que solo un cuarto se lo llevaba el Real Madrid. Otros dos cuartos todo el fútbol y luego había que meter portada, contraportada, páginas centrales, la parrilla de la TV y a todos los anunciantes que pagaban poco y que se iban de cabeza a las páginas de polideportivo.

Al final, muchos días, Alvarito y yo hacíamos un poco lo que nos salía de los mismísimos; siempre barriendo para los débiles, claro. Lo anotábamos en la planilla y ale. A pasear. Gracias a nuestras escapadas logramos hacer dos buenos reportajes para páginas centrales. Ese fue el único modo de firmar en el periódico. Ese y quedarme hasta las 4 de la mañana sin ver un duro extra para firmar crónicas de la Copa América que nadie quería hacer. Comprended que ante tal tesitura, mi compi becario y yo formásemos unos lazos más que fuertes para no acabar volviéndonos locos.

El contrato de Alvarito acabó el 31 de agosto. A mí supuestamente me prometieron acabar haciendo todo el mes de septiembre y luego reubicarme en Radio Marca. Contaba las horas para que aquello ocurriese. Un mes entero como único becario se me iba a hacer cuesta arriba. ¡Qué equivocado estaba!

El día 2 de septiembre, según llegué a mi puesto de trabajo, el compañero de sección más imbécil de todos me dijo que el tío de selección de personal quería verme. Le dije que OK, que luego me pasaba. Me senté y fui arrancando el ordenador. Ante su insistencia y cansinez en que fuera a ver al señor de los contratos, me levanté de la silla y mosqueado puse rumbo a su despacho. Me tenía preparada una sorpresita. "Oye, mira, que nos hemos equivocado contigo y que no tenías que haber trabajado ayer día 1 de septiembre. Lo siento, pero tu contrato acababa el 31 de agosto", me soltó. De nada sirvieron mis réplicas. De nada sirvió que en mi contrato pusiera tres meses y que se quisieran fumar uno. Y por supuesto, de nada sirvió mi denuncia ante el centro de prácticas de la Universidad Complutense de Madrid, que es con quien Unidad Editorial (grupo editorial de Marca y otros) tenía el convenio. Me dijeron que sí, que tenía razón pero que no iban a reclamar porque les debían favores. "Es que nos acogen cada verano a un montón de gente". Frustración y asco.

Quizás en otro momento volvamos a ese periodo, que hay chicha y de la buena, pero ahora permitidme que lea el whatsapp que el Alvarito del futuro me había escrito. Resulta que mi compañero de beca ahora trabajaba en el departamento de marketing de IKEA. Otro periodista reconvertido. Andaban a la búsqueda de alguna acción chula que tuviera que ver con el Mundial de fútbol de Rusia de ese año. Y pues, oye, Alvarito se acordó de mí. Basándose en los inicios de PEVYPE, quería que le montásemos un radio show en directo en el restaurante de su sede en San Sebastián de los Reyes para los partidos de España. No podía hacerme más ilusión el tema y es que hacía tres años que no cogía un micrófono ni para hacer radio, ni mucho menos para narrar un partido de fútbol (una de mis pasiones).

Tras fundirnos en un abrazo y reunirnos con el staff del restaurante para negociar las condiciones y el precio, me puse manos a la obra. La verdad es que la liamos bien liada. Actuaciones de música en directo, entrevistas, invitados de excepción, participación de los espectadores y lo mejor y que más gustaba al personal del restaurante: los anuncios de la comida de IKEA con las albóndigas por bandera. ¡Qué pintaza tienen y qué baratas son!

Ahora solo faltaba que España hiciera un buen papel para dar de comer a mi pizarra de objetivos. Pues bien, como ya sabréis, no lo hizo. Apeados en octavos dando una imagen patética ante Rusia, perdí la oportunidad de hacer tres bolos más y con ello de cubrir objetivos. Lo peor de todo es que aquel evento me motivaba tanto, me hacía tan feliz, que me olvidé por completo de la pizarra y de buscar otros botes salvavida por si acaso este me fallaba y no llegaba a la orilla. Lo que en su día me pareció un error estratégico, acabó siendo el camino hacia la salvación.

8 EL MAIL QUE LO CAMBIÓ TODO

El bolo en el IKEA del Mundial de Rusia fue un chute vitamínico para todos los que lo hicimos posible, especialmente para mí. Fue en el verano de 2015 cuando recibí el último revés a un proyecto relacionado con retransmisiones de temática deportiva. La desmotivación y la acuciante necesidad de conseguir ingresos me hizo alejarme de lo que realmente me gustaba. Este hecho, sumado a una situación familiar a punto de saltar por los aires, un juicio por un capullo que no quiso pagarme y otros factores que ya os comentaré, me hicieron sumirme en un tremendo hoyo del que por fin estaba logrando salir. Tres añazos. Tres añazos de resistencia, de tirar de mí todas las mañanas, de hacer cosas que no me gustaban apostando por un futuro más esperanzador, incluso de traicionarme a mí mismo... La verdad es que no sé cómo no dije basta.

Volveremos a esa época, de verdad que lo haré, pero ahora dejadme contaros el hecho que lo cambió todo. Quedaban tres días para entrar en el mes de julio y con ello en el desierto veraniego que tantas empresas temen. La mía no era una excepción. Por eso, normalmente dedicaba ese periodo para preparar proyectos chulos de cara a la temporada siguiente. La mayor dificultad que ello entrañaba era dar con la persona correcta a la que vender u ofrecer el proyecto. Tenías que lograr que no estuviese de vacaciones y que le apeteciera escucharte. Misión complicada y casi imposible, diría yo, o al menos eso indicaba mi experiencia previa. Lo que sí tenía claro es que tenía fuerzas para intentarlo y no tirar por la borda todos los post its que cosechaba mi pizarra.

A lo largo de estos seis años con la productora me había hecho un experto en preparar presentaciones, dossieres, etc. Estudiaba con mimo el proyecto y las necesidades que podía cubrir antes de contactar con nadie. Quería tenerlo todo atado, que se viera que iba en serio. Asi que más o menos me tiraba una semana intensa hasta que daba el paso de contactar con la otra parte. Siempre lo había hecho así salvo esa tarde del 28 de junio.

A eso de las 5 de la tarde entró un mail en mi bandeja de entrada, de esos que normalmente suelen ir directos a la carpeta de spam. El remitente era una empresa de pago por visión de partidos de fútbol que tan solo había utilizado una vez para ver, eso sí, de manera gratuita, un Extremadura vs Recreativo de Huelva (mi equipo). Con un formato típico de newsletter anunciaban que ese fin de semana iban a dar el típico torneo de fútbol de chavales pertenecientes a las canteras de equipos importantes en el panorama nacional. Tirando de impulsividad, y con el recuerdo presente de lo bien que lo habíamos pasado en IKEA, hice click en 'responder':

Hola chicos, ¿cómo estáis?

He visto vuestra newsletter y me he animado a escribiros.

Lo primero de todo, me presento. Soy Jose, fundador de pevype.com, una productora audiovisual diferente. Nuestros productos estrella son el vídeo interactivo y el streaming, pero además tenemos una cantera de

narradores y animadores de todo tipo de eventos deportivos. Podéis echar un ojo aquí a nuestras narraciones:
(enlace en IVOOX al podcast de PEVYPE)

Si necesitáis equipo de narradores y comentaristas para hacer partidos, no dudéis en contactarnos. Incluso para hacer streaming de partidos.

¡Gracias por vuestra atención!

A la media hora, ya me habían contestado. En el mail pusieron en copia a uno de los fundadores de la empresa y al responsable de producción para que estuvieran al tanto de mi ofrecimiento. Debió de parecerles interesante, porque sin que acabara ese 28 de junio, alrededor de las 8 de la tarde, el productor jefe me escribió para decirme que se pondrían en contacto conmigo a la mayor brevedad posible. Flipando un poco por la rapidez de las respuestas y por cómo de la nada se me había plantado una oportunidad delante de mis narices, me fui para casa.

España es un país de tradiciones un poco rarunas. Una de ellas es considerar al viernes prácticamente como fin de semana, así que si os traéis entre manos algo realmente importante que implique ponerse en contacto con otra persona, programad la llamada o el mail para el lunes. Teniendo en cuenta esto, apenas me preocupó no saber nada de ellos al día siguiente de nuestro primer contacto.

Julio comenzaba y con él una nueva semana. Sería imposible acertar la hora a la que entré a la oficina porque lo suelo hacer un poco cuando me viene en gana (flexibilidad laboral). Lo que sí recuerdo es que apenas habían pasado unos minutos cuando el teléfono fijo sonó. Consciente de que podían ser ellos subí raudo y veloz las escaleras de mi pequeño loft cuartel general. Descolgué y.... ¡zas! ¿Qué querrían ofrecerme? ¿En qué les podía yo ayudar?

Yo ya sabía un poco de lo que iba a aquella empresa, pero aluciné cuando el señor Badajoz, el encargado de llevar todo el tema de producción, me contó que se habían hecho con los derechos de varias categorías de fútbol. ¿Cómo un negocio de mínima envergadura había logrado pegar ese subidón? Entendí que entre toda la avalancha de partidos que tendrían que retransmitir, si estaba listo, podía llevarme un buen pellizco del pastel. A mi favor jugaba que su sede estaba en Sevilla y la mía en Madrid. Necesitaban a alguien sí o sí en la capital y al parecer yo les había hecho llegar mi ofrecimiento justo en el momento en que ellos no habían hablado con nadie. Posiblemente, si me hubiera retrasado un par de días o tres en escribirles, habría quedado fuera de juego. ¡Y más con la competencia que hay en Madrid!

El señor Badajoz me ofreció hacerme cargo de la zona de Madrid. Esto suponía unos diez partidos de fútbol a una cámara y un par de partidos con realización y repes a dos o cuatro cámaras, a la semana. ¡A la semana! Joder, era una barbaridad de curro. No creo que se percibiera mi entusiasmo al otro lado del teléfono, pero mis ojos debían de estar como los de Abú, el mono de Aladdin, en la cueva de las maravillas. Guardando la compostura y haciéndome el interesante le comenté a mi interlocutor que necesitaba hablar con mi socio y el equipo, pero que esa misma tarde tendría una respuesta. Me dijo, que OK, que le dijese algo lo más pronto posible porque si decidía no quedarme con todo tendría que buscar más productoras por la zona.

Obviamente ni tenía socio, ni capacidad para cubrir esa cantidad de partidos. Desde hace unos meses estaba solo en la empresa. Si salía algún trabajo en que no me pudiese apañar yo solo, tiraba de colaboraciones, pero mi agonizante situación no me permitía poder contratar a nadie. En cuanto a medios técnicos, contaba con un único equipo con el que hacer retransmisiones en streaming a dos cámaras. O lo que es lo mismo, mi capacidad se limitaba a hacer uno de los doce partidos a los que me iba a comprometer, o al menos esa era mi intención.

Rápidamente, comencé a echar cálculos. Por un lado, tenía lo que el señor Badajoz me decía que pagaban por partido. Por otro, tenía que sumar los costes derivados de la actividad: tanto la inversión a realizar en nuevos equipos, como lo que se le iba a pagar al personal por llevar a cabo su actividad. Económicamente la cosa cuadraba. Lo que de verdad asustaba era la envergadura que tenía que alcanzar la productora en apenas mes y medio. El 25 de agosto arrancaba la Liga y estábamos a 2 de julio. Hice una lista de tareas que me quedó de la siguiente manera:

1. Había que conseguir que el banco me aprobase un préstamo por valor de 20-25 mil euros.
2. Había que fichar a mínimo doce nuevas personas.
3. Había que comprar el nuevo material con mínimo quince días de antelación a la fecha de inicio de la temporada ya que algunos de los aparatos venían de Estados Unidos.
4. Había que aprender a usar ese equipo técnico para poder enseñar a las doce personas nuevas.
5. Había que aprender a utilizar el programa informático de realización profesional para los partidos de fútbol de mayor categoría.
6. Había que buscar dos o tres proveedores de tarjetas de datos para poder hacer los streamings sin depender de que los estadios tuviesen fibra óptica, adsl o similar.

Os podrá parecer que estoy chalado, pero esa misma tarde llamé a Mr. Badajoz y le dije que sí. Que me quedaba con toda la porción de tarta de Madrid. El verano iba a ser entretenido.

9 CONVENCIENDO AL BANCO

¿Si organizar todo esto hubiera estado en vuestras manos qué hubierais hecho? ¿Por dónde habríais empezado? Yo decidí tirar por el banco. Sin pasta no habría proyecto, así de claro.

El problema que tenemos los emprendedores que no pertenecemos a familias adineradas es que a veces nos hace falta dinero. Tenemos esa mala costumbre, fíjate tú. Supuestamente, o eso nos cuentan, los bancos están ahí para ayudarnos, para prestar dinero a la gente que no tiene y que así puedan hacer sus proyectos de vida realidad. Tú, que no tienes por qué pensar mal, te lo crees. Asi que una mañana te pones un poco más guapete de lo normal y vas a pedir la cantidad que crees necesaria.

Empiezas contándole al empleado o empleada de banca responsable de pymes y autónomos que eres emprendedor y que quieres llevar a cabo este proyecto. Le presentas una estimación de los gastos e ingresos que vas a tener y en más o menos cuánto tiempo crees que podrías devolver ese dinero que te prestan. Una vez que sueltas toda la chapa, la banca salta con dos cuestiones: ¿Y tú, cuánto dinero vas a poner?, esa es una. ¿Tienes quien te avale?, esa es la otra.

A mí la primera siempre me ha hecho mucha gracia. Vamos a ver, vengo al banco porque no tengo dinero, no obstante tengo esta idea que te estoy presentando. Si crees que es buena, dame el dinero, si no, no me hagas perder el tiempo. Normalmente, el banco acepta rápido si del dinero que pides, tú pones el 40-50% aprox (lo que se considera como fondos propios). Pero repito, esto, para personas que empiezan y que no tienen unos ahorros grandes, es inabarcable. ¿Qué sentido tiene ir a un banco a pedir dinero para que te dé solo la mitad de lo que necesitas? ¿Qué parte de no tengo un duro no han entendido?

Una vez que descartamos la primera vía, nos plantean el tema de los avales. ¿Qué es un aval? Una persona o propiedad que responda por ti en el caso de que tú no puedas devolver lo que el banco te ha prestado. Allá cada uno, pero si os tengo que recomendar algo es que intentéis no meter a vuestra familia de por medio y ni mucho menos sus propiedades. A mí particularmente me da un miedo terrible poner en juego los ahorros de mis padres o mis abuelos de toda una vida en mis manos. Confío en mí mismo y en mi proyecto, pero prefiero no cargar con ese peso. Recuerda que la carrera es larga y dura así que cuantas menos mochilas te pongas, mejor.

Ostia, y entonces, ¿cómo consigo el dinero? Bien es cierto que hay bancos y bancos, pero lo que os acabo de contar en mayor o menor medida es común a todos. Sí que es cierto, que en algunas ocasiones y dependiendo del proyecto que presentes y teniendo en cuenta la trayectoria de las personas que lo presentan, los bancos pueden liberarte un préstamo de unos 12.000€ sin necesidad de cumplir ni el requisito del "y cuánto pones tú", ni del aval. Eso sí, casi seguro que te harán firmar un seguro de vida, por si la palmas, ya sabes. No vaya a ser que se queden sin recuperar el dinero. Si al seguro le sumas la comisión bancaria, los intereses del préstamo y los honorarios del notario donde firmas el papelito, el dinero se te queda en algo más de 10.000.

Esta que os he descrito es la realidad. Ni más ni menos. Quizás os estéis planteando ahora mismo muchas preguntas de cosas que no os cuadran. Por ejemplo: ¿y el Instituto de Crédito Oficial para qué sirve? No me digáis que no habéis escuchado en los medios el tema de los préstamos ICO para empresas y autónomos. Nos los venden como la salvación: ¡pasta, pasta a intereses bajísimos! Hay que ver qué bueno es el Estado y lo que nos ayuda. Sin embargo, para pedir un ICO tienes que ir al banco. ¿Entonces, en qué se diferencia del préstamo normal? Únicamente en el tipo de interés. En uno pagas más y en el otro menos, pero las condiciones que te ponen y las dos preguntitas de mierda para gente sin recursos van a seguir siendo el mismo obstáculo.

La primera vez que me dispuse a pedir un ICO y me encontré con este problema me estalló la cabeza. ¿Cómo puede ser que para conseguir un préstamo de dinero público me tenga que plegar a las condiciones de una entidad privada? Buscando respuestas a esta cuestión decidí hacer pública mi indignación en twitter (hablaremos también del control de la indignación para poder avanzar en este libro). Cuál fue mi sorpresa cuando desde la cuenta oficial de la institución de crédito veo que me abren conversación por privado. Acabé siendo tan pesado que hasta logré que me atendiera personalmente el Presidente de ICO, por entonces, Pablo Zalba. Esta fue nuestra conversación:

1 de diciembre de 2016

Muy buenos días, Pablo, ¿cómo estás?

Antes de nada, me gustaría como ya hice a través de twitter, agradecerte el gesto de tomarte un tiempo para dedicarlo al requerimiento que te hacía a través de la citada red social. Voy a intentar ser lo más conciso y breve posible.

Soy un emprendedor de 27 años. Monté una productora audiovisual a los 23 (aún en funcionamiento) y ahora busco consolidar la segunda, un e-commerce de movilidad urbana sostenible basado en la venta y diseño de bicicletas para la ciudad y sus accesorios.

El problema viene a la hora de conseguir la financiación. No quiero que me avale ningún familiar, básicamente porque no pueden. Por ello he puesto todos mis pocos ahorros en el proyecto.

Ahora bien, necesitamos unos 45.000€ más para poder llevar a cabo nuestro plan de inversión inicial para la fabricación de la primera remesa de bicis y accesorios. Y es imposible, totalmente imposible que alguien me la dé, porque no llego al 50% de aportación de fondos propios.

De verdad que la frustración que siento es total, porque confío ciegamente en el proyecto. Tenemos experiencia, las cosas claras y unos documentos de business plan, inversión, retorno, etc, bastante factibles y reales.

Por eso te escribo, para pedirte personalmente ayuda, porque pienso que como este caso habrá cientos de proyectos más que no pueden ver la luz, básicamente porque no tienen el dinero suficiente.

Espero tu respuesta, Pablo.

Muchas gracias por todo, ¡saludos!

9 de diciembre de 2016

Buenos días,

ICO, a través de la mediación de las entidades de crédito, apoya las necesidades de financiación de las empresas inferiores a 12,5 millones €.

Son estas entidades las que asumen el riesgo de crédito de las operaciones que formalizan, analizan la idoneidad de las mismas y exigen las garantías a aportar, pudiendo aceptar o denegar las operaciones según sus criterios de riesgo internos, sin que ICO tenga competencia para intervenir.

Te recomiendo que te dirijas a la Sociedad de Garantía Recíproca (SGR) de tu Comunidad para informarte sobre la posibilidad de poder ser considerado socio partícipe de esa SGR y contar con su aval. Así podría solicitar la línea ICO Garantía SGR 2016. Esta línea financia proyectos de inversión o necesidades de capital circulante de clientes que cuenten con el aval de una de estas sociedades. Te adjunto el enlace a la Línea.

El plazo para formalizar de las Líneas ICO 2016 finaliza el próximo día 9 de diciembre. A partir del próximo mes de enero podrás consultar en nuestra web las condiciones de todas las Líneas de 2017.

Esperando haberte servido de ayuda. Recibe un cordial saludo,

11 de enero de 2017

Buenas tardes, Pablo.

Antes de nada, agradecerte de nuevo el detalle de escribirme personalmente. Denota interés por tu parte.

He dejado pasar un mes para poder responderte con mayor conocimiento de causa y explorar bien las vías que me proponías. Lamentablemente, mi opinión sigue siendo la misma que la que tenía cuando te escribí; es más, incluso me reafirmo añadiendo una mayor experiencia.

El resumen es claro: en este país, no importan los proyectos ni las personas. Lo que importa es que éstas tengan dinero o familiares y amigos avalistas (con dinero) que les cubran las espaldas. Sí, es así.

Lo fácil sería echar la culpa a los bancos, pero al fin y al cabo no descubrimos América. Son entidades privadas y como tales, pueden dar dinero a quien les dé la gana. El otro tema son las SGR. Para mi sorpresa, las dos a las que tenemos acceso en Madrid: Iberaval y Avalmadrid, resulta que son hasta peores que los bancos. Te cuento, mientras que la media de los bancos nos pedían un 50% de fondos propios de lo que pedíamos, Avalmadrid elevaba la cifra por encima del 55%, mientras que Iberaval no entraba ni a considerar la operación.

Y yo me pregunto: ¿me tengo que resignar a no llevar adelante mi proyecto porque no tengo recursos ni padrinos o amigotes influyentes que me avalen? Pues parece ser que sí. Lo peor de todo y lo que más duele es que desde el Estado no se esté haciendo nada al respecto (aunque vosotros opinéis lo contrario, claro está).

Seguramente para mí, ya sea tarde. El plazo límite para conseguir la financiación se me acerca demasiado rápido. Solo espero que estas líneas le puedan servir a otra persona de pocos recursos con ganas de comerse el mundo.

Apostad por la gente de abajo, Pablo. Aunque no lo creáis, hay talento y ganas de ayudar a este país y a su pueblo.

Un saludo y gracias por tu atención

Pablo no volvió a contestar. A día de hoy, el ICO sigue funcionando de la misma manera, eso sí con otro cargo al frente de distinto signo político. Extraigan sus conclusiones. En cuanto a la Sociedad de Garantía Recíproca (SGR) de la Comunidad de Madrid, Avalmadrid, se vio salpicada con un caso de corrupción (uno más) a principios de 2020. Al parecer, la vida sigue igual.

Siempre critiqué a mis profesores de la carrera (a casi todos), especialmente a los que repetían una y otra vez que la cosa estaba muy mal y que los de mi generación teníamos un futuro negro, especialmente dentro del oficio de periodismo. Pero, ¿entonces para qué estás tú, si no para ayudarme a que mi futuro sea un poco mejor? Esto era algo que me repetía constantemente, pero acabé dándome por vencido. Como yo no pienso de esa manera, me propuse que si algún día estaba en mi mano el aportar conocimiento, intentaría dar esperanza a través de soluciones realistas a problemas comunes. Conseguir pasta para proyectos es uno de ellos, asi que dejadme que os las cuente.

Si tan jodida está la cosa para convencer a los bancos, ¿por qué es mi opción prioritaria para conseguir financiación? La respuesta es simple: por la libertad. ¿Libertad de qué? Pues veréis, libertad de que me van a dejar pilotar la nave, mi nave, como a mí me dé la gana. Un banco solo te dará por saco si no le pagas las cuotas que has pactado para la devolución del préstamo. Ya está. Cumple con ello y estate tranquilo. Para mí este campo es fundamental.

Ok, vale, pongamos el caso de que para ti esto no es tan importante. ¿Qué otras opciones existen? Yo básicamente las resumiría en cuatro. De una ya hemos hablado: los bancos. ¿Cuáles son las otras? Te las enumero: familia y amigos, mecanismos de micromecenazgo (crowdfunding) y la figura de los inversores privados, o como se les conoce en inglés: 'business angels'.

INVERSORES PRIVADOS o BUSINESS ANGELS

Empecemos por esta última. ¿Quiénes son los Business Angels? Señores con pasta y con ganas de invertirla en proyectos de emprendimiento que consideran atractivos y rentables. A mí particularmente me dan pereza y desconfianza. No digo que haya algunos buenos realmente preparados, pero mi experiencia me ha brindado la "suerte" de conocer a más integrantes del lado oscuro de la fuerza.

El problema que yo les veo es que una vez te prestan pasta, entran a formar parte de la toma de decisiones de tu empresa. A veces simplemente con recomendaciones y directrices en la sombra, mientras que en otras, entran a formar parte directa a través de participaciones, acciones, o lo que sea. Es por tanto normal que si tomas caminos que a ellos no les convencen puedan reorientarte con el argumento de: "ey, sin mi pasta, tu proyecto no existe".

Es importantísimo que si vas a utilizar la opción del inversor privado para financiarte dejes antes atados todos los posibles cabos de vuestra futura relación. Que ni decir tiene ya que esa persona te aporte confianza y que su CV muestre una amplia experiencia en el sector en que se va a desarrollar tu proyecto. A veces, con el ansia y la urgencia de conseguir dinero nos olvidamos de estos aspectos tan básicos que pueden dar al traste con tu negocio. En base a mi experiencia, os puedo asegurar que me he hartado de ver 'millonetis' creados en los años del boom inmobiliario, aconsejando a emprendedores sin tener ni idea de sus áreas de negocio. Una buena muestra de este tipo de personajes inversores lo puedes encontrar en la serie de HBO 'Silicon Valley'. Ligerita, de humor y muy recomendable.

No lo he comentado, pero lógicamente y al igual que los bancos, los 'ángeles inversores' te dejan el dinero a cambio de recuperarlo todo más los intereses que hayan fijado. No son hermanitas de la caridad. Quieren su dinero de vuelta. En el caso de la fórmula de dinero a cambio de participaciones o un porcentaje de tu empresa, también hay que ir con cuidado. Al principio te puede resultar mucho más atractiva que un préstamo de dinero al uso, pero cuidado. El principal problema de esta fórmula viene a la hora de romper vínculos. Es posible que el momento que elija el inversor para retirar su participación y por tanto cobrar su parte, no sea el que a ti más te apetezca y viceversa si eres tú el que te quieres desprender de él. De ahí que te vuelva a recalcar lo importante del acuerdo inicial y de un contrato bien redactado. No escatimes en ayuda legal porque a la larga merece la pena, por tu tranquilidad y la supervivencia del proyecto.

FAMILIA y AMIGOS

Pasemos a la opción familia y amigos. A priori, sería la mejor opción en caso de tener un familiar o conocido con pasta que se fiara de ti y que te pudiera ofrecer financiación cercana al interés cero. El riesgo, ya lo dice el dicho: "la confianza da asco". Por eso yo no soy muy partidario, porque a un business angel le mandas a la mierda y a correr, pero a un familiar o amigo... A ver, sí, también se puede, pero no seré yo el que os incite a romper lazos más profundos.

No obstante, si os decantáis por esta opción, la donación de fondos tendrá también que ser recogida en un documento notarial en el que se estipulará tanto la cantidad como los plazos de la devolución. Al no tratarse de un banco, más vale poner plazos alejados en el futuro, ya que para acortar la deuda o cancelar el préstamo familiar, siempre habrá tiempo y cero penalizaciones. No os pilléis los dedos con las fechas.

CROWDFUNDING o MICROMECENAZGO

Por último, os hablé unas líneas atrás del crowdfunding o micromecenazgo. Como su nombre indica, consiste en reunir el dinero que necesitamos a través de pequeñas aportaciones de inversores variopintos. Normalmente, es una fórmula que se usa a corto plazo para asegurarnos que las ventas de nuestro producto o servicio se van a producir, es decir, ya están comprometidas. Por ejemplo: yo quiero lanzar 200 bicicletas nuevas con un diseño chulo de edición limitada. Creo una campaña de micromecenazgo en el que la aportación mínima de la gente sea el valor de la bicicleta, o un poco inferior. Solo en el momento en el que alcanzo los fondos necesarios comienzo la producción. Es un modelo de cero riesgo, pero a mí particularmente me da una pereza terrible ir mendigando dinero a la gente (casi siempre conocidos) para hacer realidad mi proyecto. Es como vender lotería de navidad a tus vecinos pero a lo bestia.

Por todo esto que os he expuesto, decidí que la mejor opción para conseguir la financiación con la que empezar a hacer realidad el proyecto que me había llovido del cielo era acercarme a la oficina bancaria en la que tenía la cuenta de empresa de la productora. Allí me esperaba Mayte, la responsable de Pymes y emprendedores varios. A mi favor jugaba que ya nos conociéramos de alguna gestión previa, por lo que todo el tema de presentaciones y monsergas, me lo ahorraba.

Tras contarle el proyecto en el que me iba a embarcar y presentarle la rentabilidad del mismo, le pedí 25.000€. Realmente la cifra que necesitaba no llegaba a 20.000€, pero siempre es mejor tirar por arriba. Mayte frunció el ceño y me dijo que imposible. Que lo máximo que ella veía factible eran 18.000€ siempre que hiciera con ellos el seguro de los equipos que iba a comprar y les mostrara el contrato original que había firmado con la empresa. Bueno, eso y todo el papeleo que te piden de la empresa y tuyo personal para poder sacar el préstamo adelante. Aun así me advirtió de la dificultad de la operación. Tened en cuenta que yo y mis negocios veníamos de años de mierda y que lo máximo que te dan sin avales ni fondos propios que invertir son unos 12.000 aprox.

Di las gracias a Mayte y le pedí unos días para conseguir el contrato, pues lo cierto es que hasta el momento todo lo acordado con la empresa contratista había sido de palabra.

Al llegar a la oficina, me puse en contacto con el señor Badajoz; recordad, el productor jefe con el que hasta el momento venía hablando del nuevo proyecto. Tocaba ser cauto, hábil y recurrir a alguna que otra mentira blanca. Si le iba con el cuento de que necesitaba el contrato ya para conseguir pasta, podrían pensar lo que de verdad ocurría: que era una productora de chichinabo que otorgaba cero confianza para un proyecto nuevo que echaba a andar. Asi que le conté que ya estábamos pidiendo el material que nos hacía falta para hacer la totalidad de los partidos, pero que al igual que yo me fiaba de ellos e iba adelante con la inversión, mi socio (inexistente) y resto del equipo (inexistente) necesitaban una muestra de que esto iba en serio. Disfrazándolo de acicate para mi equipo, le pedí un precontrato simple de una página en el que ambas partes firmáramos lo que nos habíamos comprometido a cumplir a grosso modo.

Tardó en llegar como una semana, pero sí, aceptaron. Tan pronto como lo tuve en mis manos me acerqué al banco y les dije que estábamos redactando el contrato grande, pero que en verano pues ya se sabía, que las cosas iban más despacio y que mientras tanto teníamos este documento. Mayte lo miró con recelo pero lo acabó dando por válido. No obstante insistió en no darme falsas esperanzas. La cosa estaba complicada pero lo iba a intentar.

Pese a lo crudo del asunto, algo en mi fuero interno me decía que el banco acabaría por aprobar la operación. Así fue. Unas 48 horas después de la presentación del pre-contrato, la operación fue aprobada. Gracias al empeño personal de Mayte y a un interés más propio de Cofidís, gozaría de 18.000€ para invertir en el proyecto de marras. ¡Primera misión completada!

10 RECLUTANDO AL PERSONAL

Podría escribir páginas y páginas de historias, anécdotas y aprendizajes a través de errores cometidos con las decenas de personas que han engrosado las filas de PEVYPE desde 2012. 6 años daban para mucho, pero a mí me habían servido, sobre todo, para entrenar el ojo y equivocarme pocas veces con las primeras impresiones de una entrevista o incluso de un CV virtual.

Obviaré repetir lo que comentamos unas páginas atrás de la preparación de una entrevista. Soy consciente de que te lo has grabado a fuego, pero ten en cuenta que en la mayor parte de empresas el filtro previo pasa por que tu currículum llame la atención de alguna manera. En mi caso procuraba no hacer demasiado caso a un papel e intentar dar oportunidades a todos los que mostraban un mínimo interés por formar parte de mi equipo.

Eso sí, por favor, si optáis a un puesto de una temática concreta, obviar poner otros trabajos realizados que no tengan nada que ver. Es igualmente loable currar en McDonald's, ser camarero, reponedor o dependiente de una tienda de bicicletas, pero a mí no me interesa. En mi opinión es preferible indicar que no dispones de experiencia previa pero que sí tienes un gran interés por el área de este trabajo, bien porque te guste el fútbol, el mundo audiovisual o lo que sea.

Os pondré un ejemplo. Hace poco, una buena amiga me comentó que le encantaría trabajar en una consultoría que se dedicara a temas de igualdad entre hombres y mujeres. Que estaba harta de su curro y de la gente que le rodeaba. Ella es súper activa en estos temas y a mí siempre me anda ilustrando sobre cuestiones feministas. Lee sobre el tema, escucha podcasts, etc. Entiende y se le ve pasión cuando la conversación con ella toma estos derroteros. Le pregunté que por qué no se atrevía a mandar el CV a este tipo de empresas. ¿Cuál creéis que fue su respuesta? Alegó no tener formación oficial sobre el tema; un máster, un curso, lo que fuera. Y ahora yo os pregunto a vosotros: ¿si fuerais responsables de una consultoría sobre igualdad de género no tendríais en cuenta este tipo de perfil?

Aquel verano, publiqué un post en Twitter, Facebook y en el Linkedin de PEVYPE. Una simple llamada de búsqueda de operadores de cámara para grabar los partidos. No tenían ni que tener nociones de streaming, es más, el post indicaba que todos los seleccionados recibirían un pequeño curso gratuitamente. Pese a que la repercusión y el boca a boca por redes fue notable, tampoco es que recibiera una avalancha de CVs. Unos 30 o 40 en pleno mes de julio no estaba nada mal.

La primera criba la hizo el verano y el interés de cada uno de los aspirantes. El que el trabajo empezara a finales de agosto (antes tenían que recibir la formación) y el tener que hacer una entrevista presencial en los próximos días, hizo que mucha gente pasara del tema. Aquellos a los que realmente les motivaba la tarea a realizar y que estaban fuera me pidieron si era posible realizar el encuentro mediante videollamada. Permitidme una vez más que haga énfasis en el interés. No hay cosa más lamentable que recibir personas a las que se la suda conseguir el trabajo. Puedes tener toda la experiencia y formación que quieras, pero si quieres un puesto demuéstralo, que se te vea en los ojos y que no te dé reparo. La competencia ahí fuera es feroz, pero creedme, la ilusión escasea.

Con esas premisas comencé a organizar las entrevistas de trabajo. Nunca lo había hecho de esta manera pero, por la simple necesidad de ganarle días al calendario, decidí que fueran grupales. De tres en tres, concretamente. Había gente de todo tipo pues procuré que entre todos los candidatos finales hubiera cierto equilibrio. Desde personas con mucha experiencia pero con ganas de seguir creciendo, pasando por estudiantes de FP y licenciatura / grado, gente con estudios acabados pero con poca práctica e incluso perfiles de 0 experiencia pero máxima ilusión. Nunca, por favor, nunca descartéis a este último colectivo. Creo que lo comenté con anterioridad pero no me importa repetirlo. Si les dedicáis tiempo y les dejáis un plazo para que se formen os van a estar siempre agradecidos por la oportunidad. Hay verdaderos diamantes en bruto que por 'x' circunstancias no han podido demostrarle a la vida lo que realmente valen. Vivimos en una sociedad que fulmina la igualdad de oportunidades, pero nosotros, en nuestro puesto de responsabilidad como empresarios podemos poner nuestro granito de arena. Ojalá podáis algún día contar las historias que os contaré a continuación.

ELIO, LUIS, AUGUSTO Y LOS DEMÁS

No es por echarme flores pero lo cierto es que aquel verano, sin yo saberlo, formé un equipazo. Fueron doce los seleccionados. A cuál más buena gente. Cada uno con sus cosas, pero implicados en el proyecto al fin y al cabo. Dejadme que os presente algunos casos, los que más me llamaron la atención. Las "sorpresas".

Lo poco que me importa la edad de un candidato se refleja en que no os sabría decir ahora mismo cuántos años tiene Elio. Sé que vino de Canarias a la gran ciudad en busca de oportunidades, pero por el momento el ámbito laboral no le había dado, ni le ha dado en el presente, la recompensa que merece. Como tantos otros jóvenes vivía en un piso, no demasiado grande, por el centro. La suerte, o eso creo, es que lo compartía con su pareja, por lo que supongo que se repartirían el alquiler a medias. Para poder sufragar costes, curraba por las noches. Su trabajo tenía un horario terrorífico y por lo que me pudo contar la primera vez que le vi, deduje que su labor no le agradaba demasiado. Al igual que no recuerdo sus años, tampoco recuerdo qué ponía su CV. Elio era el que menos experiencia tenía de los doce, pero su rostro arrojaba unas ganas de aprender y evolucionar que no había visto en los demás (al menos a ese nivel).

Elio no era muy de hablar, pero siempre andaba atento. Escuchaba, observaba y asimilaba mientras los demás preguntaban a lo largo de las formaciones que les dimos en PEVYPE. No faltó a ninguna y es más, creo que alguna se la comió repetida. Lo que deduje de su comportamiento es que humildemente pedía una oportunidad a gritos silenciosos. Como no os quiero hacer spoiler, tendréis que esperar un poco para saber qué fue de este muchacho.

El día que Luis vino a hacer su entrevista grupal no tenía ni idea ni de su aspecto ni de su edad. Como sacado de una ficha policial incompleta, su CV era totalmente atemporal. No había fechas ni foto, ni ninguna pista que indicara algo físico de aquella persona. Tan solo conocía su interés y la experiencia que aseguraba atesorar como fotógrafo y algunas colaboraciones de cámara con Telemadrid.

Mentiría si no reconociera que me sorprendió encontrarme

a un señor de sesenta años en la puerta de la oficina junto a otros dos de veintipocos para hacer la entrevista grupal. ¿Qué hubiera pasado si lo hubiera indicado en su currículum? Joder es que vaya tela con los prejuicios. Soy el primero en reconocer que seguramente hubiera pasado de él, sinceramente. Tened en cuenta que en verano de 2018 yo no tenía ni treinta años y que aquel caballero doblaba mi edad. Pues bien, aquella tarde recibí una lección que ya jamás olvidaré. La edad es tan solo un número, una cifra que nos ayuda a contabilizar cuánto tiempo llevamos pisando el suelo que está bajo nuestros pies. La edad no sabe de ilusión, de ganas de aprender, de formas de trabajar, en definitiva; de espíritu de vida. ¿Cómo encajaría aquel hombre en un equipo cuya media no superaba la treintena? Decidí que por supuesto merecía una oportunidad.

Con Augusto había coincidido en la carrera. Él también estudió periodismo en la promoción que lo hice yo, la 2007-2012, pero apenas habíamos tenido trato. Y eso que mi mejor amigo durante aquellos años en la facultad más fea de la 'Complu', sí que era un buen colega suyo. Ambos vivían en Tres Cantos, por lo que más de una vez compartieron trayecto, bien en coche, bien en el Cercanías.

Augusto no solo tenía tres años más que yo, también bastante más formación oficiosa de todo lo relacionado con el audiovisual. Aunque bueno, teniendo en cuenta que yo no tenía ninguna, tampoco es que fuera demasiado reseñable. Sí, no te equivocas, tengo una productora audiovisual, pero de cómo llegué hasta aquí hablaremos un poco más adelante.

El día que Augusto vino a la grupal me acompañaba Lambea, un buen colega y compañero del gremio al que yo le había pedido ayuda para formar el equipo con el objetivo de que si el proyecto salía adelante pudiéramos pilotarlo a pachas. Os menciono a Lambea porque si por él hubiera sido no hubiéramos cogido a Augusto. Para que veáis que la decisión fue toda una corazonada en la que una vez más necesité quitarme los prejuicios de encima. Había algo extraño en él y a día de hoy sigo sin saber muy bien qué fue. Ni yo, ni las personas de mi entorno que lo fueron conociendo. Lo cierto es que aquel muchacho, con aspecto de lector de cómics de colección, pasó a ser uno más del equipo quitándonos a todos la venda con perseverancia y dedicación.

11 FORMACIÓN AUTODIDACTA

Con el personal más o menos definido y la compra de nuevos equipos encarrilada, tocaba encerrarse en uno mismo y aprender lo más rápido posible a utilizar unas tecnologías que para mí eran desconocidas. En cierto modo estaba tranquilo. No era la primera vez que tenía que enfrentarme a adquirir conocimiento por mi cuenta sin la ayuda de nadie. No seré yo quien entre a valorar si este tipo de formación es mejor o peor que los títulos oficiales, lo que sí os diré es que una de las cualidades fundamentales de un emprendedor ha de ser la capacidad de reinventarse y pivotar cuando las cosas van mal o directamente no funcionan. Sobre este término tan simple se han escritos libros y libros que lo han definido como el método 'lean', en inglés, por supuesto.

Sin saberlo, desde los inicios de PEVYPE había venido practicando esta metodología de una manera salvaje. El claro ejemplo lo tenéis en que cuando monté el negocio no había operado una cámara en mi vida ni mucho menos editado un vídeo, y mirad, aquí estoy. Solo una constante reinvención y las ganas de aprender y arriesgar me trajeron hasta aquí. Es por este motivo por el que no se me caían los anillos cuando asumí a lo que me tenía que enfrentar ese verano. De verdad que parece una perogrullada, pero Internet está repleto de tutoriales y manuales con los que se puede aprender una barbaridad.

Recordad que yo venía trabajando con la fecha límite del 25 de agosto, que era cuando empezaba el fútbol en España aquella temporada. Digo venía porque a finales de julio recibí una llamada de mi nuevo y esperanzador cliente. Querían retransmitir un partido de pretemporada el 3 de agosto utilizando una de las dos tecnologías que tenía que aprender. Por entonces yo aún andaba bastante verde, más que nada porque no me habían llegado los equipos físicamente, pero no podía mostrar dudas por teléfono. Le dije al señor Badajoz que tranquilo, que sin problema, que para que viera que éramos de fiar y que íbamos en serio no les cobraría nada por aquel partido.

Para poder llevar a cabo la faena de una manera idónea necesitaba acelerar la llegada de los equipos que venían de Estados Unidos. Tras varias llamadas y whatsapps comprobé que iba a ser imposible. Tocaba activar el plan B. Aquel mismo día me puse en contacto con un proveedor español de este tipo de tecnología que disponía en stock de un par de equipos que necesitaba. Con la idea de devolvérselo una vez me llegaran los otros y así no perder pasta, le compré uno. Llegaría en 48 horas por lo que tenía tres - cuatro días de margen para poder probar y hacer las primeras transmisiones desde la oficina. ¡Y menos mal que lo pedí con tiempo! Descubrí un par de errores que no había previsto que pudieran ocurrir y que habrían dado al traste con la retransmisión del partido.

Permitidme un receso en la narración de acontecimientos para apuntaros una cosa que considero fundamental. Por más confianza que tengáis en vosotros mismos, no os relajéis nunca, no bajéis la guardia, porque los fallos y errores acechan a la vuelta de la esquina. Tanto si os enfrentáis al reto de hacer algo por primera vez, como si ya lleváis un tiempo, ensayad, probad, investigad. No os canséis de hacerlo porque siempre descubriréis cosas nuevas tanto positivas (os harán el trabajo más fácil), como negativas; comúnmente errores y fallos ocultos que surgen con la práctica.

Pese a que os grabéis a fuego este mensaje tened en cuenta que algún día fallaréis. Seguro. Sois humanos. No desesperéis ni os fustiguéis en exceso. Los errores ocurren y no dejan de ser el mejor aprendizaje posible, siempre y cuando los asumáis con humildad y metódicamente. La manera más dulce de superar un fallo es saber que hiciste todo lo posible para que no ocurriera. Y creedme, el cliente nota cuando hay un buen trabajo detrás basado en esfuerzo y dedicación, aunque luego no te lo agradezca.

El día del partido llegó. Con un calor de agosto sofocante como telón de fondo, se enfrentaban el San Sebastián de los Reyes (localidad al norte de Madrid) que ejercería como local, y la Arandina, equipo burgalés de Aranda de Duero que posiblemente os sonará por haberse visto envuelto en un caso de abuso sexual a una menor protagonizado por algunos de sus jugadores. Aquella temporada, los locales aspiraban a subir a Segunda y los visitantes a Segunda B, pues jugaban en categorías diferentes. Pero aquel día el aspecto deportivo me importaba tres pimientos, necesitaba que la retransmisión fuese como la seda.

Lambea, el compañero que me ayudó con las entrevistas de trabajo y que sería mi mano derecha en el proyecto, operó durante la primera parte y yo lo hice durante la segunda. El objetivo de ir dos era que el que estuviera libre vigilara constantemente que la velocidad del streaming y la subida a la red funcionaba correctamente. Tras 90 minutos de sopor y un 0-0 como un piano, el árbitro pitó el final del partido. ¡Lo habíamos logrado! Nunca sabré cómo se sintió el primer hombre que pisó la luna, pero para mí aquel paso adelante me cambiaría la vida por completo.

12 CHAPÍN Y DANI GÜIZA. HISTORIA DE UN DEBUT

Con una de las metodologías más o menos controlada, quedaba dominar la más complicada de todas que utilizaríamos para los partidos de categoría superior: un programa de realización en directo con repeticiones instantáneas, multicámara y que albergaba un nivel de complejidad elevado. Ni que decir tiene que el mes de agosto me lo pasé haciendo pruebas en la oficina, pero era imposible simular la mecánica de trabajo que tendría un partido en directo a varias cámaras. Jamás había hecho de realizador a ese nivel con un software semejante por lo que fui preparando a mi cabeza para debutar en un entorno real y sin margen de error.

Como siempre, yo le transmitía tranquilidad al señor Badajoz, que de vez en cuando me llamaba para preguntarme cómo iban mis avances con el programita dichoso de realización. Mientras yo practicaba con esta tecnología, iba formando al resto del equipo en la otra; mucho más sencilla y que no implicaba grandes complicaciones si se seguían a pies juntillas las indicaciones que me encargué de transmitir. Con doce personas en el equipo y una cantidad de partidos tan elevada era casi imposible que no tuviéramos algún que otro fallo en la primera jornada, por ello me llevé a todos los que pude a practicar en el siguiente partido que me tocó retransmitir a una cámara en el campo del CD Guadalajara. Mientras yo operaba, ellos toqueteaban y practicaban con otro equipo anexo. Eso les sirvió para perder el miedo y establecer un primer contacto con el que iba a ser su trabajo aquella temporada. Una experiencia valiosísima que yo no iba a tener en mi debut.

El día D acabó llegando. El modus operandi consistía en recibir una llamada el martes por parte de mi cliente en la que me indicarían el menú del fin de semana. Para mi sorpresa y tras consultarme si estábamos listos para debutar en la categoría superior, Mr. Badajoz me pidió un favor considerable. El partido con realización que más les urgía cubrir se jugaría en Jérez de los Caballeros, Cádiz. No sé si aquello que me soltó fue la verdad o una prueba de fuego para ver hasta dónde llegaba nuestro compromiso con el proyecto. Lo cierto es que acepté, sin reservas y comencé a preparar el viaje. Lambea, del que ya os he hablado, se apuntó al bombardeo. También lo hizo Javi, el más joven de todos los fichajes que hice ese verano. Con los 19 recién cumplidos y sin tener ni idea de fútbol, Javi aportaba al equipo otras muchas cosas, especialmente en el apartado técnico. Cosas de las que yo había escuchado hablar vagamente. Con la influencia que le otorgaba el flujo formativo que recibía en su ciclo de FP, buscaba aplicarle sentido y corrección teórica a cada plano. Para que os hagáis una idea era como si Almodóvar estuviera dando sus primeros pasos grabando fútbol. No cuadraba demasiado pero el talento era innegable. Veréis el día que recoja un Goya y se acabe acordando de mí.

Salimos de Madrid temprano el mismo día del partido. Con el calor veraniego aún acechando, los equipos establecían los horarios de juego a unas horas en las que el sol no calentaba demasiado. Eso nos daba margen para llegar con tiempo y comer algo típico andaluz; no sé, una friturita, un gazpachito…

Tras hacer parada técnica en Almendralejo, llegamos a Jerez. Curiosamente y también con Lambea, visitamos la citada ciudad gaditana en 2014 por motivos laborales deportivos. En esa ocasión no se trató de fútbol, sino de motociclismo. El Team Calvo, de Moto3, que acababa de ganar el Mundial con Maverick Viñales nos encargó hacerles un pequeño reportaje de cómo era un día de trabajo en su escudería. La experiencia fue brutal, todo lo opuesto a cómo fue su temporada. Creo que no lograron ni hacer un triste podio con ninguno de sus tres pilotos aquel año.

Aparcamos junto al estadio de Chapín, sede del mítico Xerez que en los últimos años había pasado de jugar en Primera a desaparecer del mapa. Era una lástima que aquella súper instalación estuviera en desuso hasta ese verano. El San Fernando, otro equipo de la zona, había decidido jugar ahí sus partidos como local hasta que terminasen las obras de su verdadero hogar: el estadio Iberoamericano. Para que os hagáis una idea de la magnitud del lugar de nuestro debut, Chapín tenía y tiene una capacidad para albergar a más de 20.000 espectadores. Algo que para una categoría como la que íbamos a cubrir era muy poco frecuente. El tiro de cámara iba a ser de los buenos y eso siempre ayuda.

Como ya predije, comimos gazpacho y fritura. Bueno, en realidad Javi cambió la fritura por algo vegano, creo que un revuelto. Tras explicarle a la camarera que los seres del mar como las gambas y el atún también eran animales, le acabaron por hacer un mejunje con huevos, ajetes tiernos y muuusho arte, illo. Pero para arte, el del señor conserje del estadio de Chapín. Andaba rozando la jubilación y también la línea entre lo gracioso y lo cansino. Tras hacernos cinco chistes para explicarnos que no funcionaba el ascensor, nos indicó el camino por la escalera. Justo en ese momento llegaba el rival del San Fernando; el Atlético Sanluqueño, otro equipo de la provincia de Cádiz, recién ascendido y que contaba en sus filas con Dani Güiza. Por si no os suena el nombre, Güiza había sido campeón de la Eurocopa con la España de Luis Aragonés en 2008 y pichichi de Primera División con el Mallorca. Toda una institución futbolera que había decidido afrontar el ocaso de su carrera en uno de los clubs de su tierra.

Comenzamos a montar el tinglao con unas dos horas y algo de antelación al partido. Nuestra infraestructura obviamente no era la de la Champions, pero si quieres dar un precio competitivo y ventilarte el partido con tres personas y material que quepa en un Seat Ibiza tienes, pese a todo, que ir con un margen prudencial. Y más en mi caso que iba a ser la primera vez que hiciera de realizador en semejantes circunstancias. El que además se tratara de un derbi provincial presagiaba un alto volumen de espectadores, lo que añadía más presión, si cabe.

Pese a haber hecho pruebas y más pruebas en la oficina, comenzaron los problemas a falta de media hora, con la llegada de las personas que narrarían el partido pertenecientes al departamento de prensa del equipo que ejercía como local. Diez angustiosos minutos duró mi batalla para entender por qué el audio del narrador no mezclaba bien con el ambiente. Tras descubrir nuevas funcionalidades en el software de realización y grabármelas a fuego, estábamos listos para debutar.

Por mi bien esperaba que no ocurriera demasiado en la primera parte. De este modo iría soltando nervios a la par que agarraba fluidez con la realización, especialmente con el campo de las repeticiones instantáneas para volver a ver goles, jugadas dudosas, penaltis, etc. Muy mala suerte tendría si hubiera una o más de una de estas acciones en aquel partido. Pues bien, me equivocaba. La diosa fortuna quiso que el San Fernando se adelantara a los siete minutos de partido con un golazo desde fuera del área de Carri. Tanto la cámara máster (plano más abierto), como la cámara de detalles que manejaba Lambea habían captado el gol de cine. Esto unido a que estuve bastante fino tirando la repe' debió dar una sensación de tranquilidad y confianza a mi cliente que fue totalmente proporcional a la que yo sentí.

Como toda buena ley de Murphy, la primera parte nos deparó varias jugadas dudosas y dos penaltis a favor del Sanluqueño en apenas diez minutos. ¡Lo nunca visto! De nuevo el trabajo de los cámaras fue perfecto. El estadio entero se comía al árbitro hasta que comenzaron a circular por redes las repeticiones de las jugadas polémicas. Ambas penas máximas estaban correctamente señalizadas, especialmente la que un defensa melenudo del San Fernando cometió sobre un rival al agarrarle reiteradamente de la camiseta a la salida de un córner. Aquella sensación de saber que el estadio de Chapín, gracias a tu trabajo, se había tenido que comer sus protestas... no tenía precio.

Tras soltar músculos tensionados y felicitar a los cámaras, comenzó la segunda parte. De nuevo, sin apenas tregua, Carri soltó un zapatazo desde lejísimos para hacer la igualada a 2. No sé quién habría escrito el guión de aquel partido pero desde luego no lo olvidaré jamás. El marcador no se movió más aunque no iba a ser por oportunidades... Recuerdo un remate de chilena de un jugador del San Fernando que se estrelló contra el travesaño, en lo que podría haber sido el gol de la jornada. Pero sobre todo recuerdo la entrada de Dani Güiza. Saltó al campo allá por el minuto 80, pero apenas tocó la pelota. Daba igual. Lo simbólico que era poder captar con tus cámaras a un campeón de Europa, allí en Chapín... Echaba la mirada meses atrás y se me ponía un nudo en la garganta. Aquel trabajo definía a la perfección lo que era sentirse orgulloso por algo.

Al acabar el partido el cliente nos felicitó. Recuerdo que mostró su asombro y me preguntó si de verdad esa había sido nuestra primera realización en un evento similar. Creo que no se creyó la reiteración de mis respuestas, pero daba igual. Estaba tan contento que ni me importaban las cinco horas y media de viaje hasta Madrid. La aventura acababa de comenzar.

13 DESPEGUE

Posiblemente, comenzamos nuestra andadura en la retransmisión vía streaming de partidos de fútbol como la productora más pequeña y con menor experiencia de todas. No obstante, al igual que pasa cuando das oportunidades a personas semejantes, la lealtad y el agradecimiento se multiplican. Ya ni te cuento cuando la temática del trabajo apasiona a todos los que lo hacen posible.

Todos esos ingredientes llevaban a PEVYPE. Nosotros llevábamos años haciendo streamings, pero hicimos caso a las recomendaciones del cliente. Siempre recordaré aquellas conversaciones veraniegas en las que me venían a decir algo como, "allá tú con tu método, pero nosotros llevamos meses testeando y te aseguramos que la mejor opción es esta". Si por algo me caracterizo es por mi escaso orgullo y mis infinitas ganas de aprender. Quién era yo para contradecir las recomendaciones de un ingeniero de teleco. En muchas ocasiones, tendemos a rodearnos de personas con rango formativo inferior a nosotros porque no nos gusta que nos contradigan o nos pongan en evidencia. Fichamos a gente para el equipo que nos adule y apoye ante la duda. Esto, queridos lectores es un gran error. Si vas a pagar o contratar a alguien, procura que te complemente, te ayude, te enseñe; en definitiva, que aporte soluciones al equipo que tú no puedes aportar.

Al igual que no todos los jefes o líderes son capaces de aplicar esto y por ende delegar en personas más capacitadas para otras labores, habrá personal que no acepte saber más que el que manda y genere continuos problemas. Liderar es tratar de la mejor manera posible que todos tus empleados remen en la misma dirección y se sientan igual de importantes: desde la persona que limpia, al responsable máximo después de ti. ¿Cómo se hace? Con empatía y objetivos comunes. No cuesta nada, de verdad. Pongamos un ejemplo con la persona de limpieza. Te acercas un día, y tras llamarle por su nombre le sueltas: "Joe, mil gracias. Ayer tarde tuvimos una visita importante y estaba todo reluciente. De hecho, nos dijeron que cómo hacíamos para mantener la ofi tan limpia ante tanto trasiego". Un simple gesto que a ti te ha costado nada, a tu empleado le ha alegrado la semana.

Volveremos a la gestión de la empatía más adelante, porque la considero crucial, pero retomemos el punto de partida: hacer caso a recomendaciones y consejos de personas que saben más que tú. Aquel gesto, el hacernos caso de lo que nos comentó el cliente solo nos trajo cosas positivas: nos ahorró meses de testeo, nos formó en una tecnología puntera y sobre todo nos salvó de fallar. Recalco el no fallar porque fue lo que nos aupó en unos meses de ser el último mono a una de las productoras de confianza de aquel proyecto. Mientras que el resto de productoras, mucho más grandes y también más arrogantes, fallaban con las emisiones, nosotros las sacábamos de cine: sin caídas de emisión, señal fluída y además cada vez mejor realizadas y operadas. Tanto crecimos en tan poco tiempo y tanta confianza generamos que nos convertimos en indispensables. Cuando un club de los adscritos a la plataforma de retransmisiones ponía su continuidad en tela de juicio por los fallos que se habían cometido con sus partidos, allí íbamos nosotros. Del mismo modo, cubrimos innumerables debuts de nuevos equipos. Asegurábamos la retransmisión número 1 y todos contentos. Éramos lo más parecido al as en la manga de un mago o el jugador comodín de un equipo de fútbol. Y además, como no nos importaba viajar, nos recorríamos España cada fin de semana en busca de conocer y trabajar tanto en míticos estadios como en artificiales polideportivos de equipos recientes. Aquella temporada estuvimos en: Sabadell, Cornellá, Castellón, Irún, Bilbao, León, Valencia, Murcia, Cádiz, Málaga, Badajoz, Alicante y otro sinfín de localidades a menos de tres horas en coche.

Con la temporada ya avanzanda y ante el buen hacer de la productora, el cliente nos propuso expandirnos a un par de zonas de manera definitiva que les estaban dando problemas: Murcia y País Vasco. La labor consisitiría en formar a personal de la zona mandándoles nuestros equipos de emisión para que pudieran cubrir partidos de un modo seguro. Debido a que el número de partidos en Madrid había descendido y, por tanto, algunos de los equipos los tenía sin utilizar, acepté sin pensarlo demasiado.

En País Vasco tan solo me harían falta dos personas. Fue relativamente fácil dar con ellas debido a la recomendación que uno de los operadores de cámara de PEVYPE me hizo. Como el chico era de los mejores, me fie de su criterio. Para Murcia sería algo más complicado. Publiqué un par de anuncios en Linkedin y tras varias llamadas de teléfono con los candidatos, seleccioné a tres de ellos. Como no íbamos mucho por la zona y para ahorrarme el envío de tres equipos, decidí ser yo mismo quien fuera en persona. Cité al trío de fichajes en un área de servicio un domingo sobre la hora de comer. Recuerdo bien aquel día porque era mi cumpleaños. Tras conocerles y repasar con ellos los tutoriales que habían recibido online, cada uno marchó al partido que le tocaba aquella tarde. Yo decidí quedarme el último en horario para resolver todo tipo de dudas que les pudieran surgir y así de paso ganar tiempo para llegar a la localidad que me tocó: Águilas, ciudad costera casi en la linde con Almería. Un buen tute de carretera.

La tarde transcurrió sin sobresaltos. Una vez más habíamos aprobado el examen con nota. Al acabar mi partido decidí acercarme a la playa. Total, llegaría a Madrid de madrugada, qué más daba media hora antes que después. Estaba atardeciendo y la verdad es que el paisaje era un espectáculo. Con la mar en calma, una ligera brisa y la recién estrenada mochila de los treinta a mis espaldas era inevitable ponerse nostálgico. Eché la vista atrás y sentí un escalofrío de orgullo al recordar dónde estaba profesionalmente hace tan sólo un año.

14 DE NANTES A GUIJUELO

La temporada futbolística acabó para mí a finales de junio. No es que hubiera demasiado tiempo para preparar proyectos nuevos de cara a la siguiente, pero lo que sí sabía es que merecía unas vacaciones. En buena compañía recorrí la Bretaña francesa. A sus playas kilométricas y sus pueblos empedrados había que sumar maravillas como el Mont Saint Michel, la ciudad fortaleza de Saint Malo o el recinto amurallado de Dinan. Pese a que eran días para la desconexión, mi cabeza no podía evitar marcharse, en los ratos muertos en el coche o antes de dormir, a la oficina de Madrid. Más aún cuando recibí un par de llamadas (que por supuesto no cogí) relacionadas con trabajo que marcarían la nueva temporada 2019/2020 que asomaba. Una era de la plataforma de fútbol en streaming con la que habíamos trabajado todo el año y la otra de la TV local de Valladolid.

Antes de pillar las vacaciones y al reflexionar sobre qué se podía hacer para mejorar la situación de la productora, todos estuvimos de acuerdo en que estábamos poniendo casi todos los huevos (ingresos) en la misma cesta (cliente). Hacer esto, como todo en la vida, tiene su lado bueno y su lado malo.

Lados que pudimos conocer a lo largo de la temporada y que nos brindaron nuevas experiencias laborales y casi vitales, diría yo. ¿Cuál es el lado bueno? Pues que si el cliente tiene dos dedos de frente (no ocurre con todos) notará tu implicación y verá que eres una pieza clave en su entramado productivo. Mientras que nosotros mandábamos a los mejores trabajadores a los partidos, otras productoras que consideraban este proyecto como uno más, no hacían lo mismo. La ventaja competitiva ya os la he comentado con anterioridad, no así los riesgos.

¿Qué pasa si el cliente al que dedicas un 80% de tu tiempo y recursos pasa por problemas financieros? En otras palabras, ¿qué pasa si deja de pagarte? Si esto ocurre, obviamente, estamos ante un problema. Y sí, a nosotros nos pasó allá por Navidad. ¿Qué hay que hacer? Lo primero de todo es analizar la situación y conocer las razones por las que esto está ocurriendo. Habla con tu cliente y deja que se explique. Es importante que ejerzas una posición firme pero ten cuidado de no estirar demasiado el chicle. Excedernos en agresividad o ejercer una presión elevada para que te paguen puede ser contraproducente. Ahora bien, todo dependerá de la predisposición del pagador a resolver sus problemas financieros. Si le notas comprometido y ves que está haciendo lo que puede, mantén la calma. Otra cosa es que vaya pasando el tiempo y veas que no tiene intención alguna en pagar.

Veamos cómo actuar en cada uno de los casos, pero antes quiero dejaros claro que si me atrevo a hablar de este tema tan delicado es porque he vivido ambas situaciones: la del cliente que quiere pagar y la del que no tiene intención de hacerlo. Afortunadamente, en el caso de este pagador siempre fue todo "sobre ruedas". Lo entrecomillo porque siempre surgen complicaciones, pero pudimos salvarlas sin grandes alteraciones. Apenas una semana después de que ocurriese el problema, el cliente me comentó la solución del pagaré bancario. ¿En qué consiste? Bien, como su nombre indica, el pagaré es un compromiso de pago futuro firmado por el deudor en el que asegura que en una fecha exacta dispondrá del dinero y por tanto podrá saldar su deuda. Una vez tienes este documento en tu poder has de encontrar una entidad de crédito que se fíe del deudor y de ti para poder adelantarte este dinero, a cambio, claro está, de unos intereses. Ya sabes, por el interés te quiero Andrés.

Pero, espera, ¿por qué tiene que fiarse de ambos si el que debe dinero es mi cliente? Pues por una razón que hay tener muy muy en cuenta. Si en la fecha de pago que se establece en el pagaré tu cliente no ha pagado lo que adeuda, entonces el banco te lo quita a ti. Y esto sí que es un problema porque vuelves al punto de partida y encima habiendo pagado unos intereses al banco que ya se ha quedado. En resumen: si vas a aceptar un pagaré has de estar muy seguro de que tu cliente va a cumplir. ¿Y esto cómo lo sé? Realmente es complicado, pero has de fiarte de tu intuición y sobre todo del tipo de deudor al que te enfrentas. Si es una empresa grande y contrastada, siempre habrá mayor garantía que si es un empresario individual o una entidad de nueva creación con fondos sospechosos. En mi caso, el principal aval para la confianza estuvo en las sensaciones, pero he de reconocer que éstas estaban influenciadas por el capital y el apoyo de inversores que tenía mi cliente detrás. Eran relativamente nuevos, pero sus cimientos eran firmes.

Evaluado esto y aceptada la solución propuesta, lo más complicado pasaba ahora por encontrar alguien que me quisiera aceptar el pagaré. Evitad por todo lo posible acabar en entidades financieras de estas que se anuncian en los medios con términos como 'factoring', 'confirming', descuento de pagarés, etc. Utilizadlas tan solo como última opción y si la necesidad de dinero es acuciante, porque sus intereses y condiciones en casos de impago os pueden meter en más problemas de los que tenéis. Otro consejo que os daré es que sugiráis a vuestro cliente que os divida la cuantía total de deuda en dos o tres pagarés. ¿Para qué? Para que solo uséis aquellos que os den la liquidez necesaria. Me explico. Pongamos que mi cliente me debe 9.000€, pero en este momento y para los próximos tres meses (que es cuando dice que va a pagar), he calculado que con 6.000€ me vale. Ok, pues le pedimos que nos haga tres pagarés de 3.000€ cada uno. Le pido al banco que me adelante dos, y el tercero espero hasta la fecha de pago acordada para que me llegue íntegro y sin intereses bancarios de por medio. Seguramente me haya ahorrado pagarle al banco mínimo unos 150-200€ en concepto de interés.

En mi caso así lo hice. Adelanté dos de los tres pagarés y sí, una vez más escogí al banco como opción para financiarme. Mayte, de la que ya os hablé con anterioridad nos volvió a salvar los muebles y además a un interés esta vez bien bajo, al menos menor del que me imaginaba. Paso de hacer publicidad de una entidad bancaria en este libro, pero si queréis saber con cuál trabajo me escribís por privado y os lo cuento. Aunque ya os adelanto que creo más bien en las personas que en las marcas a las que representan cuando hablamos de dinero.

Mi consejo es que a la hora de estudiar cuántos pagarés descontarte tengas bien presente no solo tus necesidades personales, sino también las de tu equipo humano. Es ahora cuando hay que sacar la capa de superhéroe anónimo y llevar en solitario la mochila del problema. Hacer extensible el retraso en el pago a tus trabajadores es injusto y contraproducente. El compromiso que ellos han firmado es contigo y no con tu cliente. Tú eres quien tiene que responder ante ellos. Aplazarles los pagos reducirá su implicación en el proyecto y lo que es peor, su confianza en tu palabra. Mala idea.

Afortunadamente y como había previsto, mi cliente cumplió de manera exquisita con su palabra. No solo se limitó a pagar sino que su interés por la situación que había provocado se veía sincero. Mientras tanto y pese a los consejos de tanta gente que me sugerían dejar de trabajar para ellos hasta que pagaran, continuamos en la brecha con la misma ilusión e implicación del primer día. Mis trabajadores siguieron cobrando, puntualmente, como lo he hecho siempre y si se enteraron de la situación financiera no fue por mí, desde luego. Ya os advertí de que, a veces, tendremos que cargar con mochilas más pesadas de lo normal. Esta fue una de ellas.

Más adelante, os hablaré de una situación que viví totalmente opuesta a esta y que supuso el mayor revés en mis años como emprendedor, pero ahora, dejadme disfrutar de mis vacaciones por el norte de Francia y sus días previos.

Como bien os había comentado, decidimos de manera unánime intentar diversificar nuestra cartera de clientes. Pese a que todo indicaba que renovaríamos una temporada más con el proyecto de fútbol, parecía lógico reducir riesgos ante situaciones peligrosas como la vivida con los pagarés. Es por eso por lo que además de la llamada de mi antiguo cliente, recibí la de la TV local de Valladolid. A primeros de julio de 2019 y consciente de que podía serles de gran ayuda me reuní con ellos en su sede. Les hablé de nuestra manera de trabajar y nuevas tecnologías que suponían toda una revolución en la manera de transmitir directos, especialmente en cuanto a la inversión de recursos económicos. Atacar tirando de la variable dinero es más viejo que Aristóteles, pero su efectividad sigue rigurosamente vigente. Y claro está, les llamó la atención.

Recuerdo haber trabajado a veces codo con codo con cadenas autonómicas. Mientras ellos acudían con un camión y casi veinte personas, nosotros dábamos una cobertura similar al 90% con tres personas y un Seat Ibiza. La modernización era por tanto necesaria pero había que saber a quién dirigirse. Si para Telemadrid una propuesta de una productora 'mindundi' como la mía supondría poco más que un insulto a su inteligencia, para otras cadenas más humildes y con aspiraciones a empezar a hacer cositas nuevas podría suponerles una oportunidad.

Dejé la reunión en Valladolid con la sensación de que pronto nos llamarían para pasar nuestra prueba de fuego. Lo que no imaginaba es que lo fueran a hacer durante las vacaciones que ya les había indicado y a la vez que mi cliente actual. Por caprichos del destino, la TV local me pidió si podía cubrir un partido de pretemporada del primer equipo del Real Valladolid (de primera división) el mismo día que ya me había comprometido a cubrir otro de la empresa con la que venía un año trabajando. Para más inri, los partidos se jugaban el mismo día que regresaba de Francia. El vuelo de Nantes a Madrid llegaba sobre las 12.00 y los partidos se jugaban a las 19.00. ¿Qué habríais hecho vosotros?

Tras unas horas de dudas y sabiendo que me pasaría factura decidí decir que no a la TV local. Sí, era más dinero. Sí, era un equipo de Primera División. Y sí, era la oportunidad de cerrar un nuevo cliente que nos permitiría cumplir el objetivo de diversificar la cartera de ingresos. Pero no. Por varias razones lo descarté. Tendría muy poco margen para adaptarme a la emisión que deseaban. Por otro lado, la gran parte (por no decir todos) de los cámaras de confianza estaban de vacaciones. Y la razón más importante: moralmente si había podido llegar a esa encrucijada era porque hacía un año, los dueños del proyecto de fútbol habían decidido apostar por mí y mi productora. No era momento de traiciones y sí de agradecimiento. Asi que hice caso al refrán: "es de bien nacido, ser agradecido".

Lógicamente, ninguna de las partes supo de mi dilema, aunque reconozco que fue un trago duro tener que llamar a Valladolid y decirle que no al director de la cadena. Supongo que al colgar se cagaría en mí y en toda mi familia, pues sin consultarme previamente ya había cerrado la emisión del partido. Me disculpé por partida doble o triple y aludí al periodo vacacional de mi equipo humano como razón de peso. No mentí.

En el vuelo de regreso a Madrid me sentía disgustado por la oportunidad perdida. Supongo que algo también influyó el que se acabaran mis vacaciones. Rápidamente intenté cambiar el chip, pues aquella misma tarde tendría que realizar un partido de pretemporada en Guijuelo. Traté de borrar fantasmas y extraje una valiosa lección. Si quería diversificar mi cartera de clientes y no poner todos los huevos en la misma cesta había que crecer. Tocaba invertir de nuevo y formar a personal para tener un segundo equipo de realización para este tipo de ocasiones. ¿De qué me servía buscar clientes nuevos si no iba a ser capaz de responder a las expectativas que generaba?

Habíamos quedado a las 17.00 en Guijuelo. Pude llegar puntual y eso que era la primera vez que iba a aquella localidad salmantina y a aquel estadio, pero una vez más Google Maps hizo su magia. Bueno, Google y una tienda de informática de aquel lugar en la que pudimos comprar un ratón para el PC a precio de jamón ibérico. Sí, se me olvidó el ratón en la oficina. ¡Qué queréis, acababa de llegar de viaje!

Aquel día debutaban conmigo dos operadores de cámara. Uno de ellos, recomendado directamente por el cliente, vivía en una localidad de la zona. Al otro, le conocía de sobra pero todavía no había grabado fútbol conmigo: Álex. No recuerdo muy bien cuánto tiempo estuvo Álex trabajando en PEVYPE, creo que no llegó al año. Sería 2015 o 2016 y por aquel entonces como ya sabéis no las tenía todas conmigo. Con sus más y sus menos, Álex demostró en este periodo ser un currante además de un trozo de pan. Pese a marcharse por propia iniciativa en busca de nuevas aventuras laborales, nunca le guardé rencor. Claro ejemplo de ello fue que pensara en él no solo como cámara aquel día en Guijuelo, si no como el nuevo realizador al que formaría y daría la responsabilidad de dirigir el otro equipo de la productora.

Siempre ávido de curro y nuevas aventuras, a Álex le pareció maravilloso lo que le planteé. El partido de Guijuelo sembró en él el gusanillo del fútbol. Mi charleta y una buena comida en Valladolid (su lugar de residencia) con café de puchero como postre, hizo el resto. Tocaba pues una vez más trabajar contrarreloj. Tres semanas, ni un día más tendría para formar a Álex en el arte de la realización y comprar todo el equipamiento técnico para hacerlo posible. No había tiempo que perder.

15 ÑAPISMO

Los días previos al inicio de la nueva temporada futbolística estuvieron algo revueltos. Álex respondía adecuadamente a la formación intensiva de realizador pero para mi gusto iba a llegar muy justo al primer partido del año. Eso sí, al menos pudo hacer varias pruebas con encuentros grabados en los que pasaban muchas cosas y que había ido seleccionando a lo largo del año pasado. No estaba en un entorno real, pero al menos la acción sí que iba a ser similar.

Más complicada estuvo la compra del material necesario para el segundo equipo de realización. En agosto los plazos de entrega se alargan, lo que sumado a cualquier problema de compatibilidad de alguna pieza nueva puede provocarte un buen dolor de cabeza. Tuvimos varios de esos. Si os digo que el mismo sábado por la mañana estuvimos recibiendo piezas en la oficina y haciendo las últimas pruebas... Fue de locos. Álex arrancaría la campaña de partidos como realizador el domingo en Valladolid (donde vivía) y yo en Tudela. El porqué de los sitios... en fin, dejadme que os explique.

Os seré sincero. No me gustó nada el reparto que mi cliente hizo de los equipos que aquella temporada cubriría cada productora. Lo único bueno era que al menos no viajaríamos de un lado para otro en modo sorpresa como el año anterior y que las distancias no superarían en ningún caso las tres horas en coche. Ahora bien, siendo de Madrid y con la experiencia y rendimiento que habíamos acumulado fuimos el último mono eligiendo sedes y estadios donde trabajar. ¿Qué clase de recompensa era aquella? Fue totalmente decepcionante aunque poco a poco fui comprendiendo los motivos…

¿Os acordáis de los 'business angels' o inversores privados? Pues bien, aquel año mi cliente había recibido un montón de inyecciones de financiación. El pastel era cada vez más jugoso y todo el mundo quería participar de la fiesta. El problema estaba en que una productora grandísima con sede en Madrid y también en EEUU había metido una burrada de pasta. Lógicamente, pasó a tener prioridad frente al resto quedándose los mejores estadios y obviamente todos los equipos de Madrid. Y no solo eso, inversores privados individuales tenían intereses en que entrasen productoras de su cuerda en el negocio. Estábamos jodidos, pero también dispuestos a sobrevivir y seguir trabajando a nuestro nivel como siempre lo hicimos: sin padrino y con nuestro buen hacer como principal aval.

Salvo el estadio de un equipo mítico como el Burgos CF, los demás se las traían. Lejos de caer en la indignación y el refunfuño traté de convertir aquellas adversidades en una motivación más. Volveríamos a ser los mejores en las peores condiciones. El mayor problema lo teníamos con un estadio de Valladolid. No había ningún tipo de techo ni lugar donde refugiarse y el viento siempre hacía acto de presencia en aquel páramo. Esto hacía imposible colocar cualquier tipo de carpa o similar. "El año pasado vino la TV, puso una carpa y se la llevó el viento", nos comentaron desde el club. Una delicia, vaya. A esto había que sumar que el ancho máximo de la zona de trabajo era de 120 cm y que continuamente el público pasaba por medio (o al menos lo intentaba). Tras darle varias vueltas al coco, decidí que la mejor solución pasaba por hacerse con una tienda de campaña pequeña, de estas que se abren y cierran en un periquete. Eché un vistazo en Wallapop y me hice con una por el módico precio de 20€. Era tan pequeña que su nombre comercial era 'refugio', pero valdría para que el realizador y todos los equipos más valiosos se resguardaran de la lluvia y las inclemencias del tiempo.

El primer día que desplegamos nuestra tienda refugio en aquel estadio nos convertimos en la sensación del partido. Al poco público presente se sumó la perplejidad de algunos de los jugadores. A la tienda le hice un tejadillo a modo de porche con chubasqueros multiuso y cubrimos las cámaras con unas bolsas de basura a modo de fundas customizadas. Teníamos fundas profesionales pero por la tipología de cámaras que usábamos no acababan de ir del todo bien. Además preparamos un set para el narrador con varios paraguas atados con cinta americana a las patas de una mesa de bar y cubrimos el monitor de diez pulgadas con una funda de plástico para documentos de toda la vida. Todo quedó bien aislado del agua y amarrado contra el viento. Era un milagro que el trabajo saliese a pedir de boca y por ende era una injusticia que trabajar allí se pagase igual que en cualquier otro sitio.

Comparada con la ñapa de Valladolid, las demás quedaban en meras anécdotas que omitiré relatar por respeto a vuestro tiempo libre. La primera vez que oí esa palabra, ñapa, fue en un streaming que tuvimos que hacer en Helsinki, Finlandia. La empleó Álex, quien tras verme empalmar cables de audio de un modo sospechoso en la sede de una empresa informática famosa de la zona, me bautizó con el apodo de 'ñapaman'. Os lo comenté con anterioridad, pero dejadme que insista. La capacidad que desarrolléis de adaptación a entornos y situaciones complicadas con recursos limitados será fundamental en la supervivencia de vuestros negocios, empresas o proyectos de vida. Viva el ñapismo.

CONTROL Y GESTIÓN DE LA INDIGNACIÓN

Aprovechando el hilo del ñapismo y la promesa realizada hace unas páginas, va, hablemos de indignación, de su gestión y sobre todo, de cómo utilizarla en positivo.

No sé cuántos manuales, libros y tutoriales de emprendimiento hablarán sobre este tema. Ni los he buscado, ni he visto (si es que lo hay) cómo tratan la indignación, pero creedme cuando os digo que, para mi yo emprendedor / empresario, saber manejarla y controlarla supuso un antes y un después.

Partamos de la base de que la indignación es necesaria. Es bueno, lógico y comprensible sentirla ante situaciones injustas y de diversa índole que te van a ir ocurriendo. El *quid* de la cuestión está en qué hacer con ella una vez que te llega. ¿Cómo dejo que me afecte? ¿Cuánto tiempo me va a durar? ¿Tengo que compartirla con el resto del mundo? Una vez más y como vengo haciendo a lo largo del libro, os contaré para mí cuál es la mejor opción para una correcta gestión. Insisto, basada en mi experiencia. A mí me resultó, pero cada uno es un mundo.

Desde el día 1, desde que me decidí a cumplimentar los trámites para crear mi primera empresa, vi cosas que no me cuadraron. Vale que mi formación en economía y empresa fuera escasa por no decir nula, pero empecé a ver asuntos y aspectos que dudo que te enseñen en titulaciones oficiales. Dejadme que os cuente cómo fue mi primera indignación.

Supuestamente, en el año 2012 por algo más de 100€ y en una semana podías montar una empresa de un modo telemático (online). No me lo inventaba yo, lo decía la ley. Confiado en que esto sería así, me dijeron que tenía que pasar sí o sí por una notaría. Que fuese y que ya ellos se encargaban de los trámites. Como en mi vida había acudido a una tiré de Google Maps para ver cuál me pillaba más cerca de casa. Apunté el teléfono de la primera y llamé para pedir cita. Cuando ya tenía la hora y el día, me dio por preguntarles el precio. No sé, llamadme curioso. La secretaria de citas me dijo que ella no me podía decir un precio, que tenía que preguntarle al notario. Me dejó en espera y me pasó con él. Cuál fue mi sorpresa cuando el notario me dijo que el trámite me costaría alrededor de unos 700€. Os juro por lo que más queráis que esto fue así. Alucinando, le dije al notario que me habían comentado y me había informado de que por algo más de 100€ se podía hacer. Sin el menor atisbo de duda me contradijo, haciéndome ver que lo que le decía era poco más que imposible.

Extrañado llamé a dos notarías más. En esta ocasión no llegaban a la cifra de 700€ pero tampoco bajaban, con suerte, de 400€. Mi mosqueo iba en aumento. Me empezaron a aflorar dudas incluso de si la ley era cierta o estaba en vigor, asi que cogí una libreta y apunté la referencia numérica de la ley, así como el texto en el que se mencionaba la constitución telemática de una empresa. La cuarta notaría en cercanía según Google estaba en Vicálvaro. Libreta en mano llamé y volví a pedir un presupuesto. De nuevo la cifra se alejaba con creces de los 100€. Sin dejar terminar a la persona con la que hablaba, le empecé a leer la ley de cabo a rabo y le exigí que o me daban servicio por ese precio o les iba a denunciar; a ellos y a las otras tres notarías que me estaban haciendo perder toda la mañana con sus tarifas random. De manera inmediata la actitud de mi interlocutor cambió. Me vio tan seguro que me pidió unos minutos para consultar la información. Me pidió paciencia y me dejó en espera. Para mi sorpresa, la notaría me acabó dando la razón. Que sí, que la vía telemática existía y que por unos 100€ se podía hacer. Además esa misma mañana a última hora tenían hueco. Le di las gracias y acudí a la cita.

Tras más de quince días de espera y una cifra camuflada con suplidos notariales y otras partidas, que a cualquier persona de 23 años sin formación en la materia le sonaría a chino, conseguí constituir mi empresa. Eso sí, la factura se acabó elevando a unos 200€. Lo que para un mindundi como yo debería haberse entendido como una victoria viendo lo que podía haber sido, se acabó convirtiendo en mi primer berrinche de indignación. Había topado de bruces con el mundo real. Aquel abuso notarial me lo tomé como se tomó Bruce Wayne el asesinato de sus padres en Gotham City. Él sembró la semilla para convertirse en Batman, mientras que yo lo único que hice fue perder el tiempo y la energía denunciando lo que me había pasado en las redes sociales a cambio de un puñado de 'me gusta'.

A partir de aquel momento veía 'malos' por todas partes: desde el funcionario pachorro de la Administración Pública, pasando por el malvado agente bancario, hasta el operador de telefonía del momento. Lo cierto es que en un mundo ideal mi enfado hubiera estado totalmente justificado, pero estaba en España, un país en el que como muchos otros las cosas distaban bastante de funcionar a la perfección. Ni que decir tiene que en el ámbito emprendedor en 2012 éramos un cero a la izquierda y que a día de hoy seguimos suspendiendo con creces.

Pero a mí me daba igual, yo seguía vertiendo mis pataletas en redes y a la mínima que podía denunciaba las situaciones que vivía a amigos, familiares e incluso en los pocos medios que se interesaban por mi proyecto de emprendimiento. Casi me pasaba más tiempo con estos asuntos negativos que alabando las bondades de mi idea. Era tal mi indignación que hasta encargué a mi becaria Fanny (ya os hablé de ella en las primeras líneas de este libro) animar vía *motion graphics* (así se llama la técnica) un artículo que redacté quejándome de la decisión del Ministerio de Cultura de no darnos una subvención que merecíamos holgadamente para un proyecto de música. Lo mismo de este modo nos hacíamos virales y nuestra denuncia llegaba, pensé.

Dejad que comparta con vosotros un post que escribí en el año 2015 tras vivir uno de los episodios más duros que he pasado como emprendedor. Leedlo y luego sacamos conclusiones.

De burros, zanahorias y emprendedores

Me aburre el emprendimiento. Soberanamente. Cada día más. No soporto el halo de postureo que lo rodea ni la hipocresía política de palabrería fácil, pero sobre todo no soporto a las pirañas de diente afilado que van a la tendencia como las moscas a la mierda.

No hace demasiado dejé de sentir orgullo por pertenecer al ecosistema emprendedor de este país. Por todo lo anterior, por todo en lo que el emprendimiento se ha convertido en apenas 3 años. Somos los salvadores de este país, o al menos eso nos dicen aquellos que lo han reventado a palos. Las mismas pirañas de las que antes hablaba y cuyo discurso de adulación al nuevo empresario enmascara una clara maniobra de contención.

¿Por qué si no han nacido aceleradoras y escuelas de emprendedores? ¿Por qué si no han salido inversores privados (business angels) como

hongos en otoño? ¿Por qué los políticos intentan legislar en un campo que representa todo lo contrario a sus valores? Lo tengo claro: por miedo. Miedo al talento, a la innovación, a los huevos y ovarios de arriesgarlo todo por un sueño… Miedo a que todo eso que creían tener controlado ponga en riesgo lo caliente que tienen el culo en sus puestos de poder. En resumen, miedo al cambio. Porque el cambio no es solo Pablo Iglesias (a quien por cierto, se la pela el emprendimiento o al menos eso se deriva del discurso de PODEMOS), también es esto.

Mientras que a unos los frena y silencia el Gobierno con leyes de vergüenza, a nosotros, los emprendedores, nos han reservado ser marcados por los peces gordos, la gente con pasta de este país. Muchos de ellos, magnates y grandes empresarios castigados por la crisis que añoran poder volver a estafar y absorber ilusiones de gente con sueños por cumplir. Pillería española llevada a su máxima expresión. Delito impune.

El mecanismo es simple. A nosotros nos falta la pasta. Ellos tienen de sobra. Lo siguiente fluye solo y de un modo muy sencillo: "Vente con nosotros, te dejamos el dinero, nuestro equipo te asesora (mentores), te presentamos a más de los nuestros (contactos, lo llaman)…". Y tú, que quieres sacar adelante la empresa como sea, aceptas. Date por jodido, pues en el momento en que alguien de este mundillo te presta dinero su objetivo número 1 es recuperarlo. A toda costa. Bueno en este mundillo y en cualquier otro, que se lo pregunten a Grecia y a Varoufakis.

Todo esto lo cuento con conocimiento de causa. Después de ver a un estafador de la construcción – dueño de una aceleradora – tirar por la borda el sueño de una emprendedora en 5 minutos y adaptarlo a su gusto. Después de escuchar a uno de los inversores privados más potentes de este país decir que "las decisiones las toma el que pone la pasta. Tú las acatas y si no ya sabes dónde está la puerta". Después de asistir atónito a que una de las figuras más fuertes de una empresa top 50 del país reconozca sin escrúpulos haber robado ideas de emprendedores que le han llegado.

Y sabéis qué es lo peor de todo. Que la mayor parte de nosotros lo aceptamos. Que estamos encantadísimos de formar parte de este mundillo. En definitiva, que detrás de nuestra aventura del emprendimiento no hay *nada más que ganar dinero y con suerte hacernos con el puesto del que le pone la zanahoria al burro. De aquel que un día nos la quiso poner a nosotros. Y yo, por ahí no paso.*

Os voy a pedir un ejercicio de comprensión lectora. Simulad que no conocéis a la persona que ha escrito ese texto. Si ahora os pidiera que os lo imaginarais, posiblemente vuestras descripciones pasarían por ver a un tipo amargado, indignado, enfadado, decepcionado y hastiado. Y eso es precisamente lo que yo era con 26 años: una persona demasiado joven para lidiar con todo lo que le estaba pasando, escasamente preparada y que estaba triturando su juventud mientras su entorno trituraba las discotecas y lugares de fiesta de este país.

Mi yo de 26 años se había perdido. Mi yo de 26 años era todo lo contrario a la persona que soy ahora y la que era antes de empezar mi aventura emprendedora. La indignación me estaba comiendo y exponerla públicamente no hacía otra cosa que agrandarla, a la vez que me convertía en un ser más huraño y depresivo.

No sé muy bien ni qué ni cuándo cambió mi postura ante la indignación, pero lo cierto es que lo hizo y solo puedo dar las gracias al 'click' que hizo mi cabeza. Con el tiempo comprendí que mostrar mi enfado con un tema no iba a solucionarlo, ni en el corto ni en el largo plazo. Las cosas son como son y una vez ocurren ya nada va a cambiarlas. Lo mismo pasa con el ecosistema emprendedor: es el que es. Los procedimientos administrativos, políticas, leyes, directivas y el funcionamiento social en general tarda años y generaciones en cambiar. Cuanto antes nos adaptemos y aceptemos que esto es así, antes estaremos en predisposición de centrarnos en lo que realmente importa y por ende de tirar hacia delante.

Igual que a nadie le gusta caer en la casilla de la cárcel en el Monopoly y es uno de los juegos estrella de la historia, las reglas del tablero del emprendimiento son las que son. Llevo años reclamando que la cuota de autónomos sea proporcional a los ingresos generados. Me he pasado meses y meses de nula o escasa facturación teniendo que seguir dado de alta si quería mantener mi empresa funcionando. El Estado me ha machacado y un montón de colectivos y empresas han intentado jugármela. Hay que aceptar que allá fuera nos van a querer joder y hay que hacerse fuerte ante la idea. Hay que convertir la rabia y la indignación en motivación. Lo demás es perder el tiempo.

La aceptación no es rendición si no el camino para llegar al fin. Tardé tiempo en darme cuenta que para reivindicar con verdadera fuerza, primero había que labrarse un nombre a la vez que un cierto prestigio. Tardé tiempo en comprender que para ejercer un altruismo social efectivo había que ser primero un egoísta efectivo. Entiende que nadie te va ayudar y haz como en los aviones en casos de despresurización de la cabina: para poder salvar al de al lado, primero tienes tú que ponerte la mascarilla. Solo entonces, cuando llegues a tu meta, reivindica como siempre quisiste hacerlo y planta tu semilla para ser motor del cambio.

Ahora que lo sabes, guarda tu indignación, pero no la olvides. Ha de servirte para caminar y no hay tiempo que perder.

16 EL PACTO DE LA CARTUJA

Tras el año de trabajo impecable que nos habíamos marcado con el cliente del fútbol, cualquier otra productora, como mínimo, habría optado por indignarse ante el reparto de los equipos que cubriríamos la temporada 19/20. No solo valía con que yo me tomara las cosas con filosofía. Había que trasladar esa sensación al resto del equipo. He de confesar que en algunos casos era complicado informar y a la par motivar con las condiciones laborales en las que íbamos a trabajar, pero mi equipo sabía que esto no era una productora cualquiera. En PEVYPE siempre nos hemos caracterizado por hacer magia con muy poquito y así se lo hacía sentir a mi gente.

El principal escollo con el que tendríamos que lidiar serían las inclemencias meteorológicas, principalmente la lluvia y el frío en épocas invernales. Hacíamos ñapas de todo tipo y a la vez las compartíamos en el grupo de trabajo para echarnos unas risas. Ahora bien, ninguna superará a mis plantillas con calefacción. Las plantillas iban conectadas a una petaca de pilas recargables que te amarrabas alrededor del tobillo. Inmediatamente, tenías calor en los pies para unas tres horas, lo que te cubría parte del montaje previo al partido y todo el encuentro. Una maravilla, vaya. De más de un catarro me habré librado con el invento.

La temporada comenzó, no sin sobresaltos, pero como siempre fuimos avanzando haciendo autocrítica y mejorándonos a nosotros mismos. Manteníamos el bloque del año pasado, aunque hicimos tres o cuatro sustituciones con personas a las que les había salido otro trabajo. Que un trabajador se vaya porque ha encontrado algo mejor siempre tiene que ser para ti un motivo de orgullo y satisfacción. Piensa que en su lugar, tú también lo harías. Todos buscamos un bienestar y progresar en la vida. Tu labor como empleador, y en mi caso, además, formador es facilitar y hacer mejor la vida de tu gente. No hay mayor recompensa que te muestren gratitud y te hagan en parte responsable de su evolución laboral. No les guardes rencor y déjales siempre abierta la puerta a su regreso. Ellos te lo agradecerán y tú te ahorrarás tiempo en nuevas selecciones de personal.

¿Os acordáis de Elio, Luis y Augusto? Os hablé de ellos en el capítulo 10 cuando me tocó hacer la primera selección de personal para este proyecto. Por entonces, sólo os hablé de las impresiones que me causaron y de su unión al equipo. Pasaba de hacer spoiler precisamente para hablar de ellos ahora. Por descontado, los tres seguían conmigo, pero es que su evolución había sido brutal. Elio pasó de ser el último de la fila en experiencia a ser el mejor operador de cámara de detalles, puesto que para mi gusto es el puesto más complicado de todos. Augusto pasó a ser la persona que más trabajo lograba abarcar de todos. Le daba igual ir en solitario, que trabajar en una realización grupal que irse a una punta de España. Su polivalencia le hacía valer tanto para cámara máster como la de detalles y además ambicionaba por convertirse en el tercer realizador de la productora por detrás mía y de Álex. Por supuesto, le tomé la palabra. En cuanto a Luis, otro que se apuntaba a un bombardeo, procuraba mantenerle siempre por la zona de Madrid y en partidos que no requerían un excesivo montaje y desmontaje. Pero oye, el tío no fallaba nunca. Y ahora contestadme la pregunta: ¿merece o no la pena apostar por este tipo de personas? Ya que el Estado no lo hace, somos responsables de abogar y poner en práctica la igualdad de oportunidades.

Reconozco que el buen ojo que tuve el verano anterior, en éste me jugó alguna que otra mala pasada, aunque bueno, casi siempre fue en casos de personas que venían recomendadas. Como ya esta temporada íbamos a tener cierta estacionalidad, decidí buscar operadores de cámara por la zona aunque siempre daba prioridad a los de Madrid del año anterior que quisieran unirse a la aventura. Fue entonces cuando me encontré con gente que no encajaba bien en la filosofía de la productora. El sentimiento de trabajo en equipo era nulo y en algunos casos hasta la implicación. Recuerdo un día en el que una de las personas que me habían recomendado me empezó a poner condiciones: él quería cobrar más que los demás, no iba a aceptar trabajar bajo la lluvia, que eso de tener que subirse en torretas o andamios que ni hablar y que además no entendía por qué había que estar en el lugar de trabajo con tanta antelación. Pero lo peor de todo es que su desempeño como operador de cámara dejaba bastante que desear. Es curioso pero no era la primera vez que un mal profesional me venía con estas exigencias y un nulo compañerismo. Duró poco con nosotros.

Costó lo suyo pero una vez más logramos armar un bloque sólido de equipo humano. Tras superar este pequeño inconveniente durante las primeras jornadas, todo parecía que se desarrollaría con normalidad. No iba a ser así. ¿Recordáis al señor Badajoz? Sí, el productor jefe de mi cliente. Pues bien, una tarde de octubre me llamó para contarme noticias no demasiado buenas… Al parecer, los asesores e inversores del cliente del proyecto de fútbol estaban metiendo baza para remodelar la estructura productiva de la empresa. Querían reducir drásticamente la red de productoras (entre las que estaba PEVYPE) a una sola para centralizar y unificar todas las retransmisiones de los partidos. Por lo que se veía, la cosa iba en serio, ya que se habían dado un plazo de apenas un mes para llevar a cabo la reestructuración.

¿Qué productora podía abarcar tal cantidad de trabajo como para monopolizarlo? Al parecer había dos. Una, la ya famosa que me había birlado los partidos de Madrid a cambio de una inversión elevada de dinero, y otra bastante gorda que tenía la sede a tres o cuatro calles de mi oficina y que hacía prácticamente todo en remoto. Estábamos bien jodidos porque aquello nos dejaba en fuera de juego y sin trabajo. ¿Era posible perder un cliente habiendo demostrado el nivel de implicación y profesionalidad que había demostrado PEVYPE? La respuesta era sí y la argumentación muy sencilla: los fundadores de aquel proyecto de fútbol habían tenido que recibir tanto dinero de inversores para dar viabilidad al negocio que las decisiones ya no dependían solamente de ellos.

"Esto es un todo o nada", me comentó Mr. Badajoz. O buscamos una alianza en forma de UTE (Unión Temporal de Empresas) con productoras pequeñas que hayan dado un rendimiento ejemplar, o nos quedamos sin trabajo antes de Navidad. Badajoz, que además de ser productor jefe de aquella empresa, tenía su propia productora estaba dispuesto a intentarlo. Yo le dije que sí, que adelante, que contara conmigo incluso si teníamos que invertir un dinero para poder llegar a cubrir la oferta de partidos. Ya éramos dos pero necesitaríamos al menos otras tres productoras para que la UTE fuera realista.

Las UTE como su nombre indica son un conjunto de empresas que se unen de un modo temporal para sacar adelante proyectos, obras o servicios determinados bajo una denominación única. Son muy frecuentes en licitaciones públicas para temas de construcción. Una vez acaba esa obra, la UTE se disuelve y chimpún. En nuestro caso, seríamos varias productoras bajo un nombre que nos inventáramos para cubrir todas las retransmisiones de streaming necesarias por el tiempo que el cliente indicara en el contrato y que por el momento desconocíamos.

La baza de contar con el productor jefe de la empresa en la UTE era buena, pues teníamos información de primera mano de lo que iba pasando. Además, él mismo se encargó de reclutar al resto de productoras y de crear un grupo de whatsapp en el que organizarnos. Finalmente, seríamos oficialmente cuatro, con una quinta empresa catalana que no entraría dentro de la unión pero que nos prestaría servicio en su zona. Así pues y de la noche al día me vi junto a tres ingenieros de telecomunicaciones preparando nuestro particular atraco a la Real Fábrica de Moneda y Timbre, cual primera temporada de la Casa de Papel.

Durante un par de semanas, Badajoz, Granada, Zamora y Madrid nos reuníamos por Skype en videoconferencias maratonianas donde exponíamos nuestros puntos de vista, analizábamos la oferta de la competencia y veíamos en qué podíamos mejorarles. Badajoz y Zamora llevaban la voz cantante en aspectos técnicos, mientras que Madrid aportaba siempre el envoltorio periodístico y comunicativo. Granada callaba. En lo que respecta a mí, aprendí de lo lindo observando y atendiendo a aspectos técnicos que nunca hubiera podido imaginar dominar. No sabía a dónde me llevaría aquella aventura, pero lo cierto es que acabaría siendo totalmente enriquecedora.

Pese a que existía un interés común, pronto aparecieron las primeras grietas y dudas. Es lo que pasa cuando cuatro personas que no se conocen se embarcan en una aventura de esta magnitud. Había pues que dejar claras las posturas de cada uno en relación a la cuantía a invertir y sobre todo en términos de esfuerzo y trabajo. Permitidme que haga un paréntesis para remarcar algo que creo que es vital a la hora de llevar adelante un negocio o proyecto con más de una persona. Ya sea tu amigo, un desconocido o un inversor, la postura y la implicación económica y laboral de cada parte ha de quedar clara desde un principio. Considero como obligatorio el plasmar el acuerdo en un documento oficial para evitar enredos, disputas y malentendidos en un futuro. Sé lo suficientemente claro y duro en el texto de acuerdo e incluye cláusulas para poder deshacerte con facilidad del socio, inversor o parte que incumpla lo prometido. Un negocio no es un juego. Requiere compromiso y seriedad.

Nosotros no tuvimos que llegar al punto de redactarlo, más bien porque no sabríamos si lograríamos quedarnos o no con el proyecto. Como yo siempre decía, primero que nos lo den y luego ya veremos. Ahora bien, había que estar prevenido por si sonaba la flauta. Llegamos a un acuerdo verbal en el que Badajoz y Madrid liderarían el proyecto, quedando las figuras de Zamora y Granada más relegadas a un segundo plano por expreso deseo de cada parte. Una vez lo tuvimos claro, teníamos que fijar un día de octubre para presentar la propuesta en la sede del cliente, en Sevilla. Decidimos que un par de horas antes quedaríamos en un hotel de la Isla de la Cartuja para desayunar, conocernos en persona y preparar la presentación.

No era muy frecuente que yo llegara con tanta antelación a una reunión, pero aquel día lo hice con al menos una hora de margen. En verdad la hazaña no tenía demasiado mérito, pues para poder llegar a tiempo tenía que pillar sí o sí el primer vuelo de la mañana de Madrid a Sevilla que me permitiera jugar con márgenes amplios de tiempo. Ya en la capital andaluza, un taxista forofo del Real Betis me llevó al hotel de la Cartuja. Echamos un buen rato hablando del equipo de sus amores y de las temperaturas de récord que asolaban Sevilla aquellos días. Apenas faltaban unos días para noviembre y los termómetros se atrevían a coquetear con la cifra de los 40°. Íbamos a pasar calor. Al Betis le pasaba lo contrario. De tener expectativas altas en verano, habían arrancado la Liga por lo bajo. Caprichos del destino.

Ya en el hotel y en ausencia de una cafetería al uso, me metí en el buffet libre del que ya abusaban los guiris y hombres de negocio más madrugadores. Me serví un café con leche, unas tostadas en mollete con tomate natural y aceite de oliva y me di el lujo de repetir zumo de naranja un par de veces. Tras explicar a una señora alemana la tradición del pan con tomate, saqué el portátil y comencé a repasar la presentación. Habíamos acordado que fuera yo la voz cantante en la reunión al ser el más ducho en materia comunicativa.

El primero en llegar fue Badajoz, lógico si teníamos en cuenta que por entonces vivía en Sevilla y que podía llegar al punto de reunión andando. Nos saludamos afectuosamente, pues recordad que fue la primera persona con la que tuve contacto allá por el verano de 2018 cuando acabábamos de hacer la *fan zone* del Ikea. Badajoz era la típica persona que siempre conviene tener de tu parte, me daba la sensación que tenerlo en contra podría provocar problemas o al menos reducir mis aspiraciones de trabajo con aquel proyecto. Charlamos distendidamente y le pedí que me avanzara a grosso modo cómo eran y cómo se comportaban Zamora y Granada, pues él, virtualmente, había tenido contacto con ellos durante todo el año. Apenas había empezado a contarme cuando aparecieron ambos por la escalera del buffet.

Tanto Zamora como Granada vestían de manera informal. Pese a que su vestimenta transmitía un mismo código, su manera de actuar y expresarse eran diametralmente opuestas. Mientras que Granada callaba y observaba al igual que en las reuniones por Skype, Zamora se medio recostó en la silla, cruzó una pierna sobre la otra y comenzó a hablar con una seguridad en sí mismo brutal. Con mucha más experiencia que Granada en el mundo de las productoras audiovisuales, Zamora acudió a la reunión en un Tesla que mejor no os digo lo que costaba. Solo os apuntaré que insistió en darnos una vuelta y que aquella tablet con ruedas conducía sola. En serio.

Pero lo que más me flipó no fue aquello, si no que a la hora de montarnos y para que no tuviéramos problemas para abrir las puertas, Zamora hizo que el coche avanzara solo, sin nadie dentro. De coña les dije que podíamos decir al cliente que bajara y tener la reunión en el Tesla. Fijo que nos habrían tomado mucho más en serio de lo que lo hicieron.

Yo, que las tenía todas conmigo como de costumbre, entré a la reunión convencido de que nos darían el proyecto. Una hora y algo más tarde salía envuelto en un mar de dudas. Os explico. Aquella mañana tan solo uno de los fundadores de la empresa nos recibió. No había ni rastro de asesores, inversores... Ni siquiera el segundo de los socios fundadores estaba presente. Vale que no fuéramos jeques saudís con maletines llenos de dinero, pero joder, que si la cosa salía bien aquella empresa depositaría sus opciones de futuro en nosotros cuatro. Por eso dije antes lo del Tesla.

Pensé que la misma sensación se apoderaría del resto de mis socios, pero no fue así. Zamora y su exceso de confianza se marcharon en el Tesla. Granada seguía sin decir nada pero decidió venirse a comer con Badajoz y conmigo para analizar lo sucedido. En pleno barrio de Triana nos colamos en un restaurante familiar que conocía Badajoz y que no tenía ni siquiera un indicador en la puerta que sugiriese que ahí se servía comida. Comimos de cine. Me gustó todo, pero en especial no podré olvidar aquellos garbanzos con langostinos bañados en salsa semi picantilla de incierta procedencia.

Tanto Badajoz como yo coincidimos en que nos hubiera gustado hablar con alguno de los inversores y asesores que habían promovido la reestructuración de la empresa cliente. Que no hubieran estado solo respondía a un motivo: que esas personas tuvieran interés en que el proyecto recayera en una de las otras dos empresas que competía con nuestra UTE. Como tampoco queríamos rendirnos ante la idea propuse buscar a la asesora principal a través de Linkedin y reunirme con ella en

Madrid. Al parecer ella residía en la capital, según Badajoz. Tras brindar por la prosperidad de nuestra unión con un vino dulce de Jerez cortesía de la casa, cada mochuelo se fue a su olivo.

Como mi avión de vuelta no salía hasta las 9 de la noche me puse a hacer turismo por Sevilla. No parecía la mejor idea pasear por la ciudad con aquellos calores y ataviado con pantalón largo, americana y una mochila semipesada. Por entonces no me pareció tan mala idea. Al llegar a la Torre del Oro y cuando apenas llevaba media hora caminando, mi cuerpo me empezó a tildar de loco. Busqué refugio en una cafetería con Wifi junto a la Universidad y ahí me tiré por lo menos hasta las 5 avanzando trabajo con el portátil. Cogí fuerzas y tracé una ruta que empezaba en la Plaza de España y terminaba en el estadio Sánchez Pizjuán del Sevilla. Allí pillaría el bus lanzadera / nevera al aeropuerto y de ahí ya a Madrid.

Mientras un diseñador italiano (o eso decía) trataba de ligarse a una enfermera sevillana ante la atenta mirada de unas monjas en la fila de atrás, mi cabeza daba vueltas a la posibilidad de llevarnos el proyecto. En pleno vuelo pensé en el tremendo impulso que supondría para PEVYPE aquello. Habría que invertir prácticamente todo lo ganado, fichar nuevas personas y remodelar la oficina para dotarla de una infraestructura similar al control central de una TV. Una locura no apta para muchos que además tendría que compartir con tres socios desconocidos: los firmantes del pacto de la Cartuja.

17 COMBATE NULO

Ya en Madrid, lo primero que hice fue intentar contactar con la persona que comentamos en la comida de Sevilla: la asesora principal de la que a buen seguro dependería en gran parte la decisión. Encontré relativamente rápido tanto su Linkedin como un mail personal y fui directo al grano. Me presenté y le dije que me gustaría que me pudiera recibir para que conociera un poco más sobre el proyecto que habíamos presentado en la sede del cliente el día anterior. Si todo seguía los cauces que había indicado Badajoz, la semana próxima nos harían saber el fallo.

Tras insistir por diferentes vías y conocedor de que la asesora había leído los mails (hay herramientas para conocerlo), no obtuve respuesta. No se dignó siquiera en rechazar la invitación alegando algo tan clásico como apreturas de agenda... ¡Qué decepción y qué crudo lo teníamos! Tras dejar pasar varios días en busca del milagro comuniqué en el grupo de Whatsapp de la UTE que esta señora había pasado de nosotros.

El chasco se extendió por PEVYPE igual de rápido que cundió el jolgorio cuando le conté a mi equipo la aventura en la que nos íbamos a embarcar. He de reconocer que fue impulsivo y precipitado hacerlo pero es que estaba tan seguro de nuestro éxito… Iluso de mí, aludí tan solo a criterios técnicos y de calidad sin contar con los factores desestabilizantes e intereses varios. Yo sabía que nuestro proyecto era el mejor, pero acabé de enterrar mis esperanzas cuando Badajoz nos comentó una frase lapidaria que había pronunciado uno de los inversores. "A ver, es como tener que elegir entre Microsoft e Informática Pepe. Obviamente te quedas con la primera". Aquella persona no solo nos faltó al respeto a nosotros, también a la ingente cantidad de Pymes y autónomos que luchan cada día por plantar cara a las grandes empresas. Además de mal gusto, aquella afirmación poseía un desconocimiento total por la UTE y las productoras que la formábamos. Productoras que llevábamos año y pico al pié del cañón, sin fallos y sobre todo con una profesionalidad digna de alabanza.

La sensación que tenía por entonces era la misma que en la época que me dio por presentarme con PEVYPE a licitaciones, es decir, concursos de Ayuntamientos e instituciones públicas diversas. En todas se me quedaba una cara de gilipollas tremenda. No gané ni una y mira que le eché horas y mimo a las candidaturas, especialmente a algunas de ellas. Recuerdo una con especial indignación. Pese a haber obtenido la mejor nota y por tanto el contrato, me tiraron porque me olvidé de firmar una de las tropecientas hojas que había que firmar y meter en el sobre con la documentación a presentar. Por más que rogué y mostré mi incredulidad, el contrato fue a parar a otra empresa. Aquel día juré no perder ni un minuto de mi vida más en aquellos mamoneos disfrazados de transparencia. Hay veces que ser el mejor no sirve y lo peor es que hay que aceptarlo entendiendo que así son las normas del juego. Recuerda lo que hablamos del control de la indignación y su aceptación.

No solo no íbamos a ganar el proyecto, si no que además

nos quedaríamos sin la fuente de ingresos principal de PEVYPE y por tanto sin un montón de trabajos. Esta vez no pequé de precipitación y prometí no decir nada a mi gente hasta que la decisión fuese firme. Sin embargo, algo en mi cabeza me impedía ponerme a la búsqueda de nuevos proyectos. Necesitábamos clientes como el comer pero no busqué. Me negaba a que la historia tuviese aquel final tan infeliz. Quería retrasar lo inevitable, pero como en todo en la vida, la decisión acabó llegando.

Aquella mañana me levanté tarde (ya os contaré de mi organización diaria). Preparé el desayuno y hasta que no lo tuve listo y encima de la mesa no miré el móvil. Costumbres mías. Me alertó el ver tantos mensajes sin leer en el grupo de la UTE. Entendí que la decisión había sido tomada y que Badajoz había logrado enterarse de la misma. Así era. Como era de esperar no habíamos ganado, pero lo más sorprendente es que no había ganado nadie. Nunca sabré qué le llevó a mi cliente a tomar la decisión de 'combate nulo', pero por entonces me importaba bien poco. Me tomé el resto del zumo de naranja de un trago y respiré hondo. Tendríamos trabajo asegurado hasta verano.

18 EL PRECIO DE LA TRAICIÓN

¿Qué porcentaje de culpa en la toma de decisión del cliente habría tenido la propuesta de nuestra UTE? A día de hoy sigo sin saberlo, aunque lo que sí tengo claro es que ejerció de factor sorpresa desestabilizante. ¿Qué pensaría el señor que nos comparó con Informática Pepe? ¿Y la asesora principal que rechazó reunirse conmigo?

En el grupo de whatsapp, las reacciones de Zamora y Granada fueron de lo más normal. Es cierto que eran los que menor porcentaje de implicación tendrían si el proyecto hubiera salido adelante, pero aun así me chocó su calma y desidia en las respuestas. No recuerdo exactamente qué fue lo que puse pero quise dejar claro lo que pensaba: que debíamos sentirnos orgullosos de haber sido capaces de parar o al menos anular temporalmente a 2 súper productoras. Ese mismo mensaje fue el que quise transmitir a los míos haciéndoles partícipes del mismo. No era menos cierto que PEVYPE no sería lo que es sin la suma de sus desempeños cada fin de semana por los diferentes estadios de España.

Con las aguas en aparente calma entramos en el año 2020. 2019 había sido el mejor año en la historia de PEVYPE en todos los aspectos y en mi mente estaba el que 2020 como mínimo lo igualara. Lo que no sabía en enero es lo que se nos venía encima. Y no, no solo iba a ser por el maldito virus que comenzaba a hacer de las suyas en China, no. El destino nos tenía preparada además otra sorpresita.

El famoso grupo de whatsapp de la UTE, que había estado callado hasta la fecha, volvía a parpadear. Quién si no, Badajoz, nos trajo una noticia alarmante. Al parecer, de nuevo el cliente de fútbol quería hacer remodelaciones en aquellos partidos que se grababan a una cámara. Quizás decir remodelaciones no sea del todo correcto, así que optaremos por recortes. Querían reducir el número de retransmisiones de ese tipo de encuentros y a su vez recortar la partida presupuestaria que destinaban a los mismos drásticamente. De nuevo volvía la pesadilla a tocar a mi puerta. No se me olvidará jamás lo que dije en el grupo y la respuesta de Badajoz. "A mí me joden vivo", escribí. A lo que Badajoz contestó: "nos joden a todos".

Por supuesto que todos nos veríamos afectados, pero de los cuatro socios de la fallida UTE, yo era con diferencia el que más partidos de ese tipo hacía. Para que no os hagáis un lío, estos partidos no tenían nada que ver con las realizaciones (de categoría superior), que era lo que estaba en juego cuando el pacto de la Cartuja en el mes de octubre. Esa misma tarde, Badajoz, en su puesto de productor jefe de la empresa me llamó para negociar la bajada de precios de nuestros servicios consecuente a los recortes que habían decidido a aprobar. Mi respuesta fue toda una sorpresa para él. Le dije que no pensaba bajar ni un euro del precio que se había negociado al principio de la temporada. Nuestra manera de trabajar ya la sabían de sobra: ni un error, entrega, compromiso y disposición máxima. No había razones para una rebaja injustificada (recordad el epígrafe "tu precio es tu precio"). En ese momento pensé que Badajoz defendería mi postura e intentaría hacer entrar en razón a sus jefes, pero no fue así. Me dijo que OK, que respetaba mi decisión pero que buscaría a otras productoras para cubrir mi zona.

No os engañaré. Me subía por las paredes. Qué rabia de verdad. Que fueran agradecidos con nuestro trabajo lo di por perdido desde mucho tiempo atrás, pero por lo que no pasaba era por su manera de pisotear los acuerdos alcanzados. En un mail al departamento de producción y con intención de que llegara a los fundadores de la empresa, plasmé mi descontento con la intención de mostrarnos fuertes ante la injusticia. Aquí os lo dejo:

Hola, equipo de producción, soy Jose, de PEVYPE.

Es decisión personal y de todos los que formamos PEVYPE de no participar en esta "nueva" remodelación. Como ya sabéis, desde que empezó la aventura hemos remado con fuerza, invirtiendo en equipos sin escatimar y amoldándonos a diferentes cambios e incluso llegando a soportar cuestiones que se prometieron que al final no salieron.

No compartimos las nuevas condiciones, que de nuevo vuelven a cambiar a mitad de temporada. Ni las económicas (nuestro precio es el que es y no vamos a rebajarnos más) ni la operativa. Esta Navidad nos propusieron un proyecto bastante chulo que nos requería todos los fines de semana a lo largo de 2020. Pues bien, les dijimos que no por nuestro compromiso con vosotros y porque veníamos empleando prácticamente todo el equipo con vuestro menú de fútbol.

Lo que vemos es que no todos entendemos el compromiso de la misma manera.

No obstante aprovecho para indicar que estaremos encantados de volver a trabajar en el caso de que se vuelvan a respetar las condiciones pactadas a principio de temporada para con PEVYPE.

Saludos a todxs.

Ni Badajoz, ni por supuesto nadie de la directiva de la empresa se puso en contacto con nosotros. Sin embargo, albergaba la esperanza de que recularan y volvieran a aceptar las condiciones pactadas. ¡Tenían que reconocernos el curro y la predisposición, joder! Para no volverme a pillar los dedos no dije nada al resto del equipo hasta que la noticia se confirmó. Llegó el primer fin de semana de febrero y los partidos se redujeron de una media de ocho, a tan solo dos. Como esperaba la mayor parte de mi gente coincidía conmigo en el plante. No eran partidarios de trabajar por menos dinero y mucho menos de la falta de consideración que habían tenido con nosotros. Había que quererles.

La semana siguiente a la reducción de partidos, dos personas de la empresa cliente (sin cargo de responsabilidad) con las que me llevaba bien me preguntaron que qué había pasado. Tras contarles lo sucedido, casi me caigo de culo cuando me enteré de lo que realmente había pasado ahí dentro. Al parecer, Badajoz y un técnico informático de la empresa se habían unido para crear una nueva productora con un objetivo claro: presentar una propuesta de reducción de costes al cliente de manera que ellos se encargarían de todas las retransmisiones de partidos a 1 cámara. ¡Joder, que había sido Badajoz y no los jefes los que nos habían limpiado el trabajo! Tal era la envergadura de trabajos que había conseguido la nueva productora de Badajoz, que desde la empresa cliente le obligaron a dejar su puesto de productor jefe. Ni falta que le hacía ya ese sueldo extra.

A lo largo de mi carrera como emprendedor había vivido traiciones, pero esta se llevaba la palma con diferencia. Había que ser caradura y cobarde, primero por ocultarlo y luego por disfrazarlo de decisión de arriba, de los jefes. En mi cabeza resonaban esas palabras que figuraban como las últimas escritas en el grupo de la UTE: "nos joden a todos". Por supuesto nunca más se volvió a escribir en aquel grupo. No sería yo quien levantara la liebre para comunicar a Zamora y Granada la traición de Badajoz. ¿Acaso lo sabrían?

En esta ocasión me fue bastante fácil convertir la rabia generada en motivación. Tardamos un par de días en organizarnos en la búsqueda de nuevos proyectos sin escatimar en ambición. Quería hacer algo grande y poner en práctica todos los conocimientos que había adquirido en las reuniones de la UTE. Lejos de considerarlo un proyecto fracasado, aquello había sido toda una masterclass de aprendizaje. Ahora sabía cómo hacer cosas que hace meses apenas eran imaginables en mi cabeza. Nos vengaríamos, sí, pero a nuestra manera: creciendo, sin hacer ruido y sin molestar a nadie, como siempre habíamos hecho.

Febrero fue una locura de mails, reuniones, aprendizaje y contacto con proveedores que pudieran echarnos un cable en lo que estábamos pensando para la temporada venidera e incluso si nos dábamos vida para el final de la 19/20. Mientras tanto seguíamos trabajando con clientes habituales y con las realizaciones de categoría superior del proyecto de fútbol. Al menos algo nos quedaba. Lo que nadie se podía imaginar es que la del domingo 8 de marzo que llevamos a cabo en el Estadio El Plantío, de Burgos, iba a ser la última hasta a saber cuándo.

La llegada del coronavirus trastocó todos nuestros planes. En apenas una semana nos cancelaron todos los trabajos que teníamos hasta verano. Las reuniones de proyectos futuros con visas esperanzadoras quedaron congeladas. Todo se fue a la mierda. De repente mi cabeza se acordó de Badajoz y de la inversión que tenía que haber hecho para quitarnos todo el trabajo a los demás. El precio de la traición, pensé.

Si hoy en día tienes este libro entre tus manos es por culpa del coronavirus, del confinamiento y de mis escapadas liberadoras al Mercadona. Pero ya puestos y viendo que ya sabéis el final de la historia (por ahora), dejadme que os cuente cómo empezó todo ocho años atrás.

PARTE II

Los primeros compases del año 2012 estuvieron marcados por el duelo mental que se jugaba en mi cabeza entre el presente y el futuro. Apenas me restaban unos meses para acabar la carrera de periodismo en la 'Complu'. Como tantos jóvenes de mi generación, era inevitable pensar en qué iba a pasar cuando todo esto acabara. Lejos quedaban los tiempos en que una carrera traía un trabajo debajo del brazo. No sé muy bien quién fue ni cuándo fue, pero lo cierto es que alguien en algún momento tiró de juego de trileros para dejarnos con cara de gilipollas. ¿En qué momento ir a la universidad dejó de convertirse en garantía de éxito laboral? Fue entonces cuando surgió esa corriente tan guay de carreras con salida y fue entonces también cuando algún iluminado decidió hacer el negocio de su vida con los másters. Y los jóvenes, en vez de quejarnos, nos plegamos. Y los padres con tal de que sus hijos estuviesen mejor formados, aceptaron.

¿En qué momento cambió todo? ¿En qué momento la universidad pública se confundió con la privada disparando sus tasas? ¿Quién decidió que para ser periodista (con suerte) en El

País había antes que pasar por caja y desembolsar más de 12.000€ en un máster privado? ¿Cuándo nos colaron eso de que a los becarios no se les paga? Y sobre todo, ¿qué haríamos los cientos de estudiantes de quinto de periodismo que aquel verano salíamos al mercado laboral?

19 DE LA COMPLUTENSE A ISABEL GEMIO

Como todo en la vida, el día de la graduación acabó llegando. En mi caso particular, acabar la carrera fue un alivio. Por diversos motivos, el último año se me hizo cuesta arriba. Quizás tenía la cabeza más fuera que dentro. No lo sé. Aunque sospecho que haber dado de bruces con mi primer conflicto como periodista me hizo estar más incómodo de la cuenta.

Aquella noticia que publiqué en el diario deportivo digital universitario (Palco Deportivo) en el que llevaba unos años haciendo mis pinitos, provocó toda una cascada de reacciones en la prensa nacional. Si la reacción fue tal a esa escala, imaginad la que se lió en la facultad. El protagonista de la noticia en cuestión se convirtió en tendencia (trending topic) en Twitter en apenas unas horas y la web de Palco Deportivo se nos cayó de las visitas que entraron esa tarde.

La noticia se produjo en la visita que un periodista del ente público hizo a una asignatura optativa a la que yo acudía. No era la primera vez que reflejábamos en el diario online charlas y coloquios que ocurrían en la facultad, pero en esta ocasión al protagonista se le calentó la boca. Sus declaraciones daban mucho juego. Una vez dejó claro que le daba igual si alguien publicaba la información, se lo comenté a los jefes del diario y me dijeron que adelante. Lo último que me imaginaba es que se liara la que se lió. El profesor que invitó al protagonista de la noticia a dar la charla me retiró la palabra e inició una recogida de firmas contra Palco Deportivo de manera totalmente injustificada. La acción de este señor convirtió su clase en una caza de brujas plebiscitaria en la que me salieron tanto partidarios como detractores. Desde el diario online, tuvieron que escribir un editorial en el que amenazaron con sacar el audio íntegro de la charla si no cesaban las acusaciones falsas del profesor hacia lo que se vertía en el artículo original. Fue entonces cuando el profesor se achantó y paró su persecución.

Lo que para el diario digital fue un éxito sin precedentes, a mí me reportó problemas. El profesor de la asignatura optativa se negó a recibirme en un intento de calmar las aguas. Se llamaba Ramón Cobo y era un pedante, engreído, machista que se reía de las chicas que no sabían responder a sus preguntas sobre deporte. Si ya antes del 'affaire' se le consideraba como uno de los peores docentes de la carrera, con esto se coronó en mi lista. Aquel señor me la tenía jurada y yo ya me veía teniendo que repetir curso con una única asignatura, optativa para más inri. Pese a que me preparé el examen de sobresaliente (no quería darle motivos para catearme) me puso un 5 pelado. Suspiré aliviado y ni rechisté, pero nunca olvidaré una frase que le dijo a la clase a mis espaldas (obviamente tenía amigos que me lo contaron): "Ese chaval ya ha cavado su tumba. Nunca llegará a nada". Menudo imbécil.

Más allá del conflicto con el profesor Cobo, siempre anduve metido en berenjenales por la 'Complu'. No era un alumno al uso y trataba de digerir aquel tedio de licenciatura de cinco años organizando y creando actividades o iniciativas prácticas de las que todos nos beneficiáramos. Apoyado en Palco Deportivo creábamos cursos y jornadas de periodismo en la facultad a las que invitábamos a referentes y figuras destacadas del mundillo. Mi implicación era tal que hasta organicé un acto de presentación de la Eurocopa del año 2012 con los embajadores de Polonia y Ucrania en España. Pese a la riqueza que traíamos a la facultad, desde las altas esferas del decanato no nos soportaban. "Estos de Palco Deportivo, siempre dando por saco", se le escapó a la máxima responsable de la facultad cuando pensaba que no la oíamos. Recuerdo que le pedí a esta señora que bajase a recibir a los embajadores. Desde protocolo de las embajadas me exigieron que ya que no venía el Rector de la Universidad, que por lo menos fuese la máxima responsable de Ciencias de la Información (la facultad). De mala gana lo hizo. Tras la recepción, llenó dos bolsas de souvenirs de Polonia y Ucrania que habían traído los invitados y se marchó.

En Palco Deportivo conocí a gente brillante. Más allá de los fundadores, a los que siempre guardaré un cariño especial por darme mi primera oportunidad como plumilla, había chicos y chicas que despuntaban, cada uno en sus especialidades y materias. A buen seguro, aquel proyecto que nació con 4 perras hubiera alcanzado el éxito y la consolidación si no hubiera sido por los tiempos que corrían. Por eso y porque a la hora de la verdad a los jefes les faltó persistencia, aguante y empuje. Esa carencia de vitalidad la suplimos Mamen Hidalgo, Sergio Pascual y yo. Dentro del proyecto Palco Deportivo creamos una agencia de prensa deportiva y una radio online en la que narrábamos eventos en directo y elaborábamos programas especializados. Aún me emociono al recordar el aprendizaje tan intenso y real que supuso aquella etapa. Ahí nació mi vena emprendedora. Ahí empecé a dar mis primeros pasos como líder de un proyecto. Ahí empezó todo.

Estuve 3 añazos en Palco Deportivo. Para mí esa fue la carrera real. Mucho más que mis periodos de prácticas en Antena 3, Marca, Radio Nacional de España u Onda Cero y, por supuesto, mucho más que las infumables clases teóricas de una licenciatura de cinco años cuyo plan de estudios estaba completamente añejo y desfasado.

Palco Deportivo murió a la par que mi primera empresa, la productora PEVYPE, daba sus primeros pasos. Se podría decir que fue una transición dulce. Una reencarnación o más bien una continuación, ya que las personas que empezamos de manera oficial en PEVYPE habíamos hecho un ensayo general en el mes de junio aún bajo el paraguas de Palco Deportivo. Utilizando los estudios de la radio del Colegio Mayor Universitario Diego de Covarrubias, dimos en directo todos los partidos de la Eurocopa de aquel año. El último gran torneo que ganaría la selección española de fútbol.

La Eurocopa acabó, pero no con ella mi verano laboral, puesto que en julio y agosto había conseguido unas prácticas en Onda Cero. Pese a que fue la última prioridad en mi lista, me cogieron para el programa de Isabel Gemio. La presentadora estrella de Antena 3 en los '90 con *Sorpresa Sorpresa*, tenía desde hace unos años un magacín matinal los fines de semana en Onda Cero. 'Te doy mi palabra', se llamaba. La Gemio no tenía buena fama como jefa y pese a que apenas entablé cuatro palabras con ella en toda mi estancia, pude confirmar que en efecto, así era. Recuerdo que hasta el séptimo día en la radio no se dio cuenta, o al menos eso dijo, de que estábamos ya los becarios allí. Para ella éramos inexistentes. No nos admitía en las reuniones de contenido del programa, por supuesto no nos dejaba locutar en antena e incluso nos echaba de la pecera técnica porque le molestaba que hubiera mucha gente. Una delicia de persona, vaya.

Por suerte la Gemio se fue de vacaciones el 15 de julio. Su segunda, Mar de Tejeda, asumió el mando y comenzó a darnos bola a los becarios. Aún así y pese a que pudimos preparar reportajes chulos, las horas pasaban lentas en Onda Cero. Tened en cuenta que éramos 4 becarios para tan poco trabajo. Desesperante. La época en Marca con mi compañero Alvarito se me venía a la cabeza constantemente. Otro verano desperdiciado, pensé.

Mar de Tejeda y el resto del equipo de 'Te doy mi palabra' se fueron de vacaciones el 31 de julio. ¿Qué pasaría entonces con nosotros? La situación era rocambolesca puesto que nuestra tercera jefa en apenas un mes estaba en la redacción de Valencia, desde donde se haría el programa a partir de agosto. Merche, como así se llamaba, era una líder pésima y agosto era su mes de grandeza. Su oportunidad de salir durante horas los fines de semana en antena a escala nacional y no estaba dispuesta a que nadie le estropeara su momento de gloria. No aceptaba ningún tipo de sugerencia o propuesta y nos tenía completamente abandonados en Madrid. Eso sí, a primera hora se encargaba de llamar por teléfono para controlar que acudíamos puntuales a nuestro puesto de trabajo.

Ante ese panorama y viendo que las opciones de contratación serían una quimera tomé la decisión de montar mi empresa a lo largo del otoño de aquel año. Las horas muertas en Onda Cero las empleaba en pensar en el modelo de negocio y completar un plan de empresa. A la que podia, compartía mis ideas por la redacción para recibir un feedback. Todos me decían que la idea era chula y que a ver si tenía suerte. Por entonces, yo pensaba que aquello sería coser y cantar, pero lo cierto es que mi ignorancia empresarial era del tamaño de Saturno.

Mi último trabajo por cuenta ajena terminó con la llegada por sorpresa de Isabel Gemio una semana antes de lo previsto. Por supuesto, no rascamos bola, pero me reconfortó el pensar lo cabreada que estaría Merche en Valencia asistiendo atónita al robo por parte de la Gemio de su último programa sin previo aviso. Una vez más abandonaba un medio de comunicación por la puerta de atrás. Sin pena ni gloria y con la espinita de no haber podido demostrar (quizás salvo en Radio Nacional) mi valía en un gran medio. Pero no era momento de lamentarse, había que ponerse manos a la obra con mi nuevo proyecto empresarial: PEVYPE - Periodismo en vivo y por encargo -.

20 A LA GUERRA EN UN BARCO DE MADERA

Nunca fui yo mucho de hacer dramas. Mi salida del cascarón estudiantil al mundo laboral no fue una excepción. Me la tomé con calma, confiado y con mi horizonte utópico de conversión en empresario como camino a seguir. No paraba de chocarme lo poco preparado que estaba para emprender pese a haberme pasado diecisiete años de mi vida estudiando: seis de Primaria, cuatro de la ESO, dos de Bachillerato y cinco de carrera universitaria. Tanto esfuerzo y sacrificio para acabar pagando por un papel en el que el Rey Juan Carlos I decía que yo era un licenciado, pero aquel documento no me daba ninguna pista de qué hacer con mi vida y mucho menos de cómo afrontar esta nueva aventura.

Recuerdo con alivio el día en que me di cuenta de que sacar buenas notas en un examen no valía para nada. Valía si querías hacer una carrera con nota de corte alta y solo en 2º de bachiller para que te hiciera media con la selectividad, ¿pero y el resto de los años? ¿Y, por ejemplo, en mi caso? Tardé en hacerlo unos quince años, pero más vale tarde que nunca. Algunos nunca lo descubren y otros ni siquiera se molestan en cuestionarse estas cosas ya que optan por el pasotismo, la desidia y el abandono escolar. Fue frustrante comprender lo inútil de mis fatiguitas con el estudio y eso que no me costaba demasiado sacar buenas notas. Tener que enfrentarme a un examen me suponía en términos económicos un elevado coste de oportunidad (no poder destinar ese tiempo a otras cosas). Me daba rabia y pereza a partes iguales tener que memorizar no sé cuántos folios para vomitarlos en un papel y a la semana siguiente no acordarme de nada. Porque no nos engañemos, el sistema de enseñanza que tenemos en este país se basa en memorizar, al 90%. Yo tuve la suerte innata de que mirándome una vez los papeles se me quedaban, pero ¿y los que no? Muchos de ellos, pobres, frustrados, me acusaban de mentiroso cuando les decía las horas que realmente estudiaba. No me creían porque básicamente se negaban a aceptar que su esfuerzo había sido mucho mayor que el mío para, en la mayoría de las veces, sacar peores notas.

Siempre he sido una persona que se ha exigido al máximo. Y lo he hecho por propio convencimiento. Sin imposición de nadie. ¿Pero qué se puede exigir un niño o un adolescente a sí mismo en términos de responsabilidad? Sacar buenas notas, claro está. Eso era lo que socialmente estaba bien visto. Daba igual que te aburrieras en clase o que te diera pereza ir al instituto. En Primaria, bueno, te iban pasando de curso y no había más drama. Es en Secundaria cuando el sistema empezaba a segregar y señalar con el dedo. En la ESO, si no valías para estudiar (memorizar), te ibas a diversificación con el resto de apestados. En Bachillerato, si no valías para estudiar (memorizar), te ibas a un grado medio de FP. Y en la uni, si no valías para estudiar o no tenías dinero, te ibas al McDonald's o a reponer los almacenes de algún súper.

Pero insisto, ¿qué significa no valer para estudiar? En mi opinión, no valer para estudiar significa que el sistema no ha sido capaz o no ha querido reconducirte, darte otra oportunidad. Porque en el fondo, si todos valiésemos, tendríamos un problema laboral mayor del que tenemos. Es por ello por lo que a las personas desmotivadas se las aparta en vez de motivarlas. Todo esto responde a un problema de fondo económico de apuesta por la educación. Porque la educación es un árbol de crecimiento lento y a los que plantan las semillas les gusta presumir de los frutos que han recogido a ser posible en el corto plazo en el que están en el poder. Ni más, ni menos.

Yo, como tanto otros chavales que salían al mercado laboral aquel 2012 de crisis álgida, era uno de los frutos de un sistema educativo caduco que me había lanzado a la guerra como un barco chino de madera se enfrentaba a los acorazados ingleses de acero en la Guerra del Opio. ¿Por qué no me habían enseñado a tener presente la vía del emprendimiento? ¿Por qué no me habían enseñado cuáles eran las herramientas necesarias? ¿Me habría equivocado de carrera y tendría que haber estudiado Administración y Dirección de Empresas (ADE)?

Pero no solo estas cuestiones afloraban en mi cabeza aquel mes de septiembre. Quizás la falta de cultura emprendedora en todos los años de estudios era la parte más prescindible de todas las carencias del sistema educativo. ¿A alguien le enseñaron a cuestionarse las cosas, a ser una persona crítica? ¿A alguien realmente le enseñaron a hablar en público, a comunicarse de manera correcta con los demás? ¿A alguien lograron inculcarle amor por la literatura obligándole a leer cualquier tocho clásico para posteriormente examinarle? ¿Por qué se nos enseñaban birguerías matemáticas antes que a comprender bien una lectura o aprender a escribir correctamente? ¿Y por último, por qué los jóvenes de mi generación éramos los más paquetes de Europa hablando otros idiomas?

Algunas veces por habilidad innata y otras con esfuerzo e inversión de tiempo había podido más o menos paliar todas esas carencias. No obstante seguía sin tener ni idea de la cultura empresarial. No sé si por influencia de mi hogar, pero la idea que yo siempre había tenido de los empresarios era la de unos señores (hombres), engominados y en traje que eran unos cabrones con los trabajadores. Ante tal incertidumbre, decidí hacer un cursillo de la Complutense en el que te enseñaban y asesoraban para montar una empresa. Era lo único que había en toda la universidad sobre emprendimiento y además te daban medio crédito de libre configuración. Aquel curso fue dantesco, tanto en el contenido como en la tutora que me tocó. Recuerdo que aprovechaba la hora que tenía conmigo para beber su coca cola y degustar un sándwich. Al parecer la mujer no tenía otro momento. Pero eso no era lo peor, y es que a cada tutoría tenía que recordarle de qué iba mi empresa porque no se acordaba. "¿Tú eras el del restaurante, no?", me dijo un día. Desesperante. La metodología no era mucho mejor. Consistía en seguir el esquema de un plan de empresa de los antiguos e ir rellenándolo. Dudo mucho que aquella mujer se lo leyera porque pasé el curso sin ni siquiera una corrección. Ni Amancio Ortega, vaya.

Supongo que aquel curso fue la razón por la que la Complutense se puso en contacto conmigo por teléfono una mañana de septiembre. Me dijeron que sabían que quería emprender y que mi idea de negocio les había resultado interesante y diferente. Que por favor, acudiera a la sede que tenían cerca del metro Islas Filipinas (Madrid), que me querían ayudar y proponer algo interesante. Yo la verdad es que flipé un poco con la llamada. Con todo el por saco que me había dado la universidad y ahora me querían ayudar. No obstante decidí acudir: ¿qué tenía que perder?

Entré al despacho del señor que me había citado y me senté. La reunión no duró más de diez minutos. Rápidamente desenmascaré a mi interlocutor. Una vez más me encontraba con una persona que no tenía ni idea de lo que iba mi empresa y cuya única intención era venderme un máster que me aseguraba tener un porrón de clientes al terminarlo. También le debió parecer buena opción darme una beca que reducía a la mitad el precio del máster: de 12.000€ a 6.000€. ¡Qué solidario! Por no hacerle el feo y seguir el hilo de su chiste, le dije que vale, que hacía el máster si él me firmaba que conseguía todos los clientes que me aseguraba. En caso contrario, me tendrían que devolver el dinero. El hombre se rió, pero le dije que iba en serio. Me dijo que no podía hacer eso. ¿No estás tan seguro?, repliqué. Finalmente y tras unos segundos tensos corté de raíz la reunión. Ni tenía el dinero ni creía en los másters milagro. Le di las gracias por hacerme perder la mañana y salí de allí. Fue mi último contacto oficial con la Universidad Complutense y el sistema educativo español.

21 PRIMEROS PASOS. PRIMEROS ERRORES

Siempre que vuelvo atrás y rebusco en mi memoria cómo fueron aquellos primeros días como emprendedor no doy crédito. Me doy cuenta de que solo mis ganas de comerme el mundo y mi insistencia en caminar por la vía del autoempleo, lograron que me sobrepusiera a una cascada de errores continua. Es quizás éste el fin último por el que me decanté a escribir este libro y por lo que ayudo a jóvenes, cuando me dejan, en mi misma situación desinteresadamente. ¡Lo que hubiera dado yo por encontrarme a alguien que me contara un poco de qué iba la película antes de tirarme a la piscina!

El primer error que cometí fue constituirme como empresa antes de cualquier otra cosa. Es como si de esta manera me hubiera obligado a trabajar a destajo en la puesta en marcha y desarrollo de la misma desde el minuto 1. Fue un error. Recuerdo que lo que principalmente me motivó a hacerlo fue el hecho de poder desgravarme el IVA de las compras de material que hice para poder desarrollar mi actividad. Hubiera sido tan sencillo como comprarlo a mi nombre, hacer las pruebas, verificar que todo funcionaba como esperaba y devolverlo. Si tienes cuidado, cualquier tienda física u online que se precie acepta devoluciones como mínimo hasta 14 días después de la compra. Así lo exige la norma UE. Por tanto, la primera lección parece clara: Asegura que sabes desarrollar bien tu servicio o que tu producto funciona antes de montar nada y muchos menos de constituirte como empresa. Parece obvio, pero para mí no lo fue.

Mi segundo error creo que fue el peor de todos, pero os sorprendería conocer la cantidad de veces que está presente en los inicios de ideas de negocio. Que tú creas que tu producto o servicio es la leche, no significa que el resto del mundo lo crea. En tu cabeza puede tener todo el sentido, pero asegúrate que también lo tiene en la cabeza de tus potenciales clientes. Habla con ellos, cuantos más, mejor. Escúchalos, a todos, y toma notas. A buen seguro tendrás que cambiar o por lo menos retocar tu idea inicial. Y no, no es un fracaso, es tu salvación. Mi consejo es que hasta que no consigas que la forma de tu idea guste y atraiga a un gran porcentaje de tus potenciales clientes, no hagas nada. Y por favor, no seas terco y orgulloso. Si a nadie o casi nadie le gusta lo que propones, no lo lances. Aborta misión. Sé humilde y sálvate de fracasar.

Vamos a por el tercer error. Este es de los complicados a la hora de descubrir y tiene que ver con el precio de tu producto o servicio, o mejor dicho, con el margen de beneficio que sacas por cada venta. Es tan importante establecer un precio adecuado de lo que vendes, como tener bien controlado lo que te cuesta llevarlo a cabo. Entendemos lógicamente que para sacar un beneficio el precio de venta tendrá que ser superior al coste. Esto que parece tan obvio, conocer tu coste de producto o servicio, a veces no lo es tanto. Ten en cuenta que no solo tienes que contar los costes fijos, sino que además tendrás que establecer un baremo y dejar representada también una parte de los costes variables; esos que pagas mes a mes, véase: alquileres, teléfono, agua, luz, salarios, internet, etc. Sólo entonces estarás en disposición de hacer una estimación de precio. Es aquí donde vienen los fallos más comunes. Al igual que comenté en el error 2, hay que tener en cuenta al cliente. Si tu producto o servicio gusta, pero tiene un precio inalcanzable, no vas a ningún lado. Asegúrate de que es factible la venta con las mismas personas a las que ya habías antes tanteado.

Una vez tengas eso atado es hora de mirar por ti. ¿Puedo vivir de mi negocio con esos precios? ¿Cuánto necesito vender para poder vivir de mi empresa? Tener un precio de venta factible para tu cliente no necesariamente indica que para ti también lo sea. Puedo vender 50 productos al mes, pero si a cada venta solo le saco 10€ de beneficio limpio, me encuentro con 500€ para vivir. Echa cuentas y márcate un margen para crecer fijando una meta en el tiempo. Veamos un ejemplo basado en las cifras anteriores. Ok, voy a empezar vendiendo 50 productos al mes con 10€ de beneficio unitario, pero mi meta es sacarme limpios 2000€ al mes. Genial. Lo siguiente será fijar cuánto tiempo de margen te das para lograrlo. Intenta aquí no incurrir en pedir préstamos y financiación ajena. Para eso siempre hay tiempo si vemos que la cosa tira.

Fijar una meta es clave tanto para llegar al éxito como para evitar el inicio del fracaso. Cuando fijes la fecha, intenta llegar al punto medio entre la perseverancia y el suicidio profesional. Asegura que el tiempo que marcas te dé las suficientes oportunidades para lograr tu meta, pero no incurras en una prórroga innecesaria. Aquí reside la importancia de fijar ese tiempo teniendo en cuenta sólo tus fondos propios, ya que en el momento que pides un préstamo o similar te obligas a seguir abierto para poder devolverlo (en los mejores casos). Evita deudas innecesarias y cierra tu negocio si no llegas a la meta. Solo de este modo podrás volver a intentarlo sin mochilas a la espalda y sin un exceso de desgaste mental.

El cuarto error fue prácticamente el único que no cometí,

pero curiosamente es uno de los más recurrentes y peligrosos: caer en un endeudamiento injustificado. Como va de la mano del número 3, lo explico y luego sigo con los míos.

No soy para nada partidario de pedir cuantías elevadas de dinero ajeno para empezar un negocio. ¿Por qué? Pues sencillamente porque puedes joderte la vida quedándote atado a una deuda de años si las cosas no van bien. Si puedes evitar empezar a lo grande, hazlo. Sé financieramente responsable y ve poco a poco. Hacer crecer un negocio despacio, a la par que enriquecedor (en experiencia) es a la larga súper gratificante y sobre todo, saludable. No tener la presión de tener que devolver dinero al banco o al inversor de turno te permitirá centrarte en lo que realmente importa. Hay que intentar limitar las preocupaciones.

Cuando veo anuncios o mensajes del Gobierno de turno, ya sea local, autonómico o estatal, incitando sí o sí al emprendimiento se me ponen los pelos de punta. Sin más te dicen que te lances a la piscina apelando a algo tan sugerente como cumplir sueños y bobadas semejantes. Tú emprende, salte del paro (capitalízalo incluso) para que podamos dar datos bonitos a la prensa, y sé tu propio jefe. La consecuencia es que la gente se lo cree y tira adelante con nula formación y sin conocimiento de causa. El no conocer la realidad hace que muchos de estos nuevos emprendedores empiecen la casa por el tejado haciendo todo lo que no se debe hacer. Compran locales, los reforman, adquieren un montón de material y maquinaria de primera mano e incluso contratan gente para tareas que ellos mismos podrían hacer. La ilusión ha de existir, siempre. La motivación ha de existir, siempre. Ambas son fundamentales en nuestro éxito, pero no nos pueden cegar. No nos pueden llevar a tomar decisiones irracionales e impulsivas. Pedir un préstamo es sin duda una de las decisiones más serias y relevantes que vamos a tomar. Un negocio que no arranca o un proyecto que fracasa en sus primeros pasos con deuda tras de sí es de las peores pesadillas que te pueden ocurrir. Esa deuda no desaparece. Tendrás que devolverla a lo largo de 'x' años trabajando, pidiendo favores, etc; sin poder destinar ese dinero a otros proyectos de vida. Así que ya sabéis, cuidado.

Si buscásemos el denominador común de estos cuatro errores, el resultado sería una mezcla de impulsividad y desconocimiento. Estas cualidades, presentes en personas temerarias, denotan que tan osado es el soldado que va a la guerra a pecho descubierto como lo puedes ser tú mismo en tus inicios como empresario. Eso es lo que era yo en otoño de 2012.

Es frecuente que la gente me pregunte por qué emprendí si estaba tan pez en la materia. Yo siempre contesto lo mismo. Necesitaba estar ocupado, hacer algo con mi vida. Por mi cabeza no pasaba ni el desempleo ni permanecer bajo el ala protectora de un máster o estudios similares que me dieran la excusa perfecta para no afrontar la realidad. Es obvio que me equivoque. No obstante aquellos años supusieron para mí el mejor máster de empresa posible. Aprendí tanto que hice del error, virtud. ¿Acerté o fallé?

A estas alturas de la película, os estaréis preguntando de qué iba mi negocio. La productora, de nombre Periodismo en vivo y por encargo (PEVYPE), buscaba centrarse en dos líneas de negocio: los eventos en directo (en vivo) y los reportajes periodísticos por encargo. A mis 23 años quería darle una vuelta de tuerca al negocio periodístico tradicional y pensé que sería la leche poder hacer periodismo en directo en bares y pubs. Por eso, como quería hacer algo original, dejé aparcada la rama de encargos. En concreto buscaba que la gente que fuera al bar a ver el fútbol lo viviera de un modo diferente. Haríamos una retransmisión de radio en directo con invitados famosos y de la que el espectador pudiera ser partícipe interactuando y ganando recompensas. Como ya imaginareis, en mi cabeza eso era la leche. Además se juntaba el hecho de que ofreceríamos el servicio en lugares de restauración en dificultades y azotados por la crisis. Pensaba que aquel bolo les ayudaría a relanzar su actividad distinguiéndose de la competencia.

Con toda la ilusión del principiante, preparé unas tarjetas de visita y una pequeña descripción que cupiera en un folio del servicio que ofrecía. Dividí las zonas de bares de Madrid con la ayuda de Google Maps y allá que partí. Durante una semana visitaría unos 100 lugares que había considerado como idóneos. Pues bien, pese a ofrecerles la primera retransmisión de prueba (gratis), no llegaron a 15 los interesados. ¿Cuántos finalmente estarían dispuestos a pagar por este servicio? Por el momento era una incógnita. Lo que sí me quedó claro es que ninguno de las bares estaba dispuesto a pagar lo que yo había considerado mi tarifa. Reconocí mi error y acepté las recomendaciones de hacerlo por comisión: tantas personas, 'x' euros; tantas consumiciones, 'x' euros.

Jamás olvidaré la primera retransmisión. Fue un 7 de octubre de 2012 en una cervecería del barrio madrileño de Las Rosas. El lugar estaba a reventar, pero el mérito sin ninguna duda era del partido que íbamos a retransmitir: un Barcelona - Real Madrid. Como invitado tuvimos a Joan Cañellas, jugador de balonmano y campeón del mundo con la Selección, que por entonces militaba en las filas del extinto Atlético de Madrid de dicha disciplina. El evento fue una maravilla, salió de lujo y la gente estuvo bastante participativa. Al finalizar el mismo y cuando habíamos recogido todo 'el tinglao', me acerqué a preguntar al dueño qué le había parecido. Para mi sorpresa me comentaron que se había marchado. No le di mucha más importancia aunque, desde luego, no fue un buen presagio.

Tras unos días logré contactar con el dueño del bar del debut. Me comentó que no veía necesarios mis servicios, que su bar funcionaba de maravilla. Básicamente nos había utilizado no sé muy bien para qué, pero lo que extraje en conclusión es que había que centrar el tiro y dejar de hacer retransmisiones gratuitas en lugares que no tuvieran un verdadero interés. Tras una buena criba y después de unas 7-8 retransmisiones de prueba, nos quedamos con 2 bares definitivos. En ambos funcionaríamos a comisión. En uno haríamos los partidos intersemanales (la Champions principalmente) y en el otro los partidos de Liga del fin de semana. Eran lugares con poca clientela y con una amenaza de cierre bastante evidente. Tristemente no tardé demasiado en comprender por qué les iba tan mal. Pese a disponer de una herramienta nueva y original que les brindábamos, ni se dignaban en hacer publicidad en sus redes sociales. Lo peor es que ni siquiera dentro del bar o en el escaparate había referencia a que ahí se vivía el fútbol de una manera diferente.

En apenas un mes, el bar de los partidos intersemanales echó el cierre. El dueño, que además era azafato de vuelo, así me lo comunicó. Ya desde un primer momento no me pareció la persona más implicada del mundo, por lo que vi cierto sentido en su decisión. Para qué alargar la agonía de un negocio si no te entregas al 100%. Creo que ni la versión más psicológica de Alberto Chicote hubiera podido evitar aquel cierre. Por primera vez comencé a albergar dudas de lo que estaba ofreciendo. Lo que en mi cabeza era la repera, quizás no era para tanto. O al menos no era suficiente para levantar los ánimos de un negocio seminoqueado. El otro lugar de fin de semana sí que resistía, aunque los resultados no eran para nada alentadores. Las comisiones eran ridículas y el establecimiento seguía sin promocionar la actividad. Todo tenía muy mala pinta.

Mi carrera como emprendedor no llevaba ni 2 meses en danza y ya me encontraba en una crisis total y absoluta. Mi servicio no gustaba como yo pensaba, ni valía lo que yo estimaba y, para colmo, los beneficios eran nimios incluso para mí, que seguía viviendo en casa de mis padres. Tres errores de manual. Tan solo me salvó del cierre el hecho de haber sido financieramente responsable. Gracias a ello tenía margen de maniobra y me podía permitir cambiar, pivotar e intentar dar con la vía de negocio correcta. Lejos de entender aquello como un fracaso, me lo planteé como un aprendizaje: qué mejor máster de empresa que montar una.

22 PIVOTAR O MORIR

Para entender bien lo que es pivotar, siempre me gusta explicarlo con el ejemplo del baloncesto, del que creo, bebe en gran medida su aplicación al mundo de la empresa. Cuando en baloncesto uno de los jugadores recibe el balón, puede botar o pivotar. Si bota, puede moverse hacia donde quiera, pero si pivota, únicamente se le permite mover uno de sus pies. El otro ha de permanecer fijo. Esto le sirve al jugador para poder ver diferentes opciones hacia donde pasar el balón sin cometer pasos. En términos empresariales, el pie fijo representa el campo al que pertenece la empresa, mientras que el que se mueve le permite investigar dentro de su campo diferentes actividades relacionadas o diferentes productos.

Pongamos el ejemplo con una marca de ropa. Imaginad que de inicio esta marca se centra en moda para adolescentes. Se da cuenta de que no le va demasiado bien y decide buscar otro nicho de mercado o quizás el mismo pero más especializado. Tras este movimiento, pasa a vender ropa para otro colectivo. Esto que acabaría de hacer se conoce como pivotar.

Ni todo el mundo sabe pivotar, ni pivotar está hecho para todo el mundo. Está claro que a todos nos gustaría que nuestros modelos de negocio fuesen perfectos y funcionasen a la primera, pero lamentablemente no es así. Necesitamos ser lo suficientemente humildes para reconocer cuándo nuestra empresa necesita pivotar y lo suficientemente creativos y rápidos para poder llevarlo a cabo. Quizás suene demasiado tajante pero en época de crisis hay que pivotar o morir. Así, sin medias tintas.

Obviamente, a mí jamás en la vida se me había pasado por la cabeza tener que pivotar y además tan pronto. Cuando monté PEVYPE, no había un plan 'B' en mi cabeza y creo que nadie debe incluirlo en su plan de empresa. Pivotar ha de surgir por las circunstancias y la dirección hacia dónde hacerlo te la irá marcando el tiempo y tu rumbo equivocado. Se podría decir que aquel invierno de 2012/2013 pivoté en tres escalas diferentes: de la más básica a la más radical.

Lo primero que hice fue buscar un nuevo modelo de negocio para las retransmisiones deportivas. Estaba claro que hacer el show en los bares no funcionaba y que el método de la comisión era una birria. Sin embargo, me resistía a enterrar del todo aquello que más ilusión me hacía y con lo que verdaderamente disfrutaba. Tras varios días dándole vueltas se me ocurrió algo. Venderíamos las retransmisiones online a aquellos países hispanohablantes de Sudamérica y América Central. Así, gente con pocos recursos que no podía acceder a la TV de pago de su país, podía escuchar los devenires del fútbol español por Internet. Aquello que parecía una locura, resultó. El Gráfico, un medio deportivo con solera al otro lado del charco, decidió apostar por este servicio en un país como El Salvador y sí, nos pagaban por ello. La acogida fue brutal y las interacciones por Twitter en directo durante los partidos fueron una maravilla. Hubo usuarios que no se perdían una retransmisión y otros, que cuando lo hacían, te escribían para disculparse prometiendo no fallar en la próxima. Nos convertimos en los gurús de la radio deportiva de un país que tenía los mismos habitantes que la Comunidad de Madrid.

Incluso nos llamaron de alguna emisora local para entrar en directo y opinar como expertos en fútbol europeo. Quién me iba a decir hace unos meses que mi primer cliente de verdad tendría su domicilio fiscal en El Salvador.

Pese al éxito y la ilusión que nos hizo a todos en PEVYPE este primer contrato, para nada daba unos beneficios fuera de serie. Al menos no los suficientes como para dejar de buscar más clientes y vivir de eso. Ni mucho menos. Así que continué con mi plan de pivotaje con el tema de los shows en directo. Decidí cambiar el deporte por música. Haríamos pequeños conciertos de artistas independientes emergentes que irían acompañados de una charla / entrevista. Todo sería en directo, pero además se habilitaría un podcast donde se irían almacenando todos los bolos que fuéramos haciendo. Al único bar que nos quedaba en Madrid le pareció una maravillosa idea. Tiré de la agenda de grupos, representantes y artistas que conformé en mi época de Radio Nacional y me puse manos a la obra. Fue todo un éxito. Poco a poco, el caché de las bandas que venían era mayor, así como la repercusión en prensa y medios especializados en música independiente. Llegó un punto en el que apenas tenía que buscar nuevos invitados ya que eran ellos quienes tocaban a la puerta. El modelo de negocio seguía siendo a comisión, pero esta vez sí que había días con una afluencia de gente brutal, y todo pese a la floja capacidad marketera del local de marras.

En apenas cinco meses, pasaron por los directos de PEVYPE unas sesenta bandas. Todas ellas solo tenían elogios para el currazo que me pegaba, especialmente en mi labor de documentación para la entrevista. Además, la gente se divertía, pues el formato era bastante dinámico y proclive a la interacción. Un espectáculo que estaba diseñado para durar alrededor de una hora, a veces se nos iba hasta las dos e incluso más. Y claro, el dueño del bar encantado. Todo este trabajo nos valió para ser reconocidos como uno de los finalistas a los Premios de la Música Independiente de 2013 en la categoría de medio de comunicación. No ganamos, pues lo hizo Radio 3, pero oye, yo ya tenía otra medallita más que colgarme al pecho.

Al igual que reconozco que pivotar siempre me ha parecido un reto atractivo del que he salido airoso, también he de ser sincero y admitir que, pese a los dos giros de guión que le di a mi empresa, los beneficios generados seguían sin ser suficientes para poder vivir de ello. Necesitaba sacar un nuevo conejo de la chistera y vaya si lo hice.

23 EL LOCAL DE COLEGIATA

Una de las pocas ventajas o puntos positivos que tenía mi aventura como emprendedor hasta la fecha era el no necesitar de un local o una oficina para poder desarrollar mi actividad. El papeleo y el trabajo frente al ordenador lo desarrollaba en casa, mientras que la actividad propiamente dicha se hacía en los locales de restauración. Sin embargo, el acuerdo alcanzado con el medio de El Salvador me obligaba a encontrar un lugar donde poder retransmitir los partidos los fines de semana. Al dueño del bar no le importaba que siguiéramos haciendo la radio online allí. Acepté su invitación por un tiempo, pero no me parecía de recibo quedarnos ahí indefinidamente.

De repente salí de la burbuja de mi casa y empecé a buscar locales de alquiler. Al principio acepté el reto con la fascinación de emprender una nueva aventura, pero según fui buscando se me iban quitando las ganas. Prácticamente las ganancias de la radio online se irían en pagar el alquiler mensual, por lo que tenía que buscar otras fórmulas. Quizás compartir oficina con alguien que la dejase libre los fines de semana o buscar ayuda en alguna asociación de emprendimiento. Decidí comenzar por lo segundo. Hasta la fecha, la única organización de ese tipo que conocía era la Asociación de Jóvenes Empresarios de

Madrid (AJE). Por octubre de 2012 acudí a un par de charlas gratuitas bastante flojas que hicieron en el vivero de empresas de mi distrito. Me sirvieron de poco, pero al menos conocí a la hermana de la que a día de hoy sigue siendo mi asesora fiscal. Recordadme que os hable más adelante de lo importante que considero esta figura cuando, como yo, no tenéis ni papa de contabilidad y legislación fiscal.

Como os venía contando, me puse en contacto con AJE y les conté lo que necesitaba. Me dijeron que quizás podían tener algo para mí y me mandaron acudir a unos locales que gestionaban en el número 11 de la calle Colegiata, de Madrid. Acudí a la cita con algo de antelación por lo que decidí tomarme un café en la tienda - cafetería ecológica que había a la entrada del número 11. Aquel lugar era una especie de galería comercial formada por peceras de cristal que se amontonaban a los lados de un pasillo inacabable. Salvo la tienda de la entrada, la gran mayoría de los habitáculos estaban vacíos y oscuros. Pregunté a la camarera por el nombre que me habían indicado en AJE: el señor Pemau. El hombre al que buscaba no se hallaba en la galería, por lo que tuve que esperarle algunos minutos. Finalmente llegó y me enseñó las dependencias. Tras hablar del precio y de las condiciones de acceso, me marché. El local que me enseñó satisfacía perfectamente mis necesidades. Además, el que estuviera a unos 7 minutos andando de la Puerta del Sol lo hacía perfecto en términos de accesibilidad por metro y cercanías.

En el viaje de regreso a casa fui meditando sobre un posible alquiler. Pese a que el precio no era para nada desorbitado, la idea de compartir con alguien más no me hacía mucha gracia. Fue entonces cuando se me encendió la bombilla: ¿por qué no le sacaba algún otro tipo de provecho? Al llegar a casa cogí la bicicleta y me marché al parque Juan Carlos I. Cercano al IFEMA, aquel lugar sigue siendo uno de mis favoritos de Madrid. Gracias a su extensión y al estar a las afueras de la urbe madrileña, puedes encontrar rincones solitarios en los que tumbarte en el césped y pensar. Lo que aquella tarde hice no fue pivotar, fue agarrar la pelota, salir corriendo y cambiarme de cancha. Me pregunté a mí mismo qué sabía hacer y qué cualidad había desarrollado durante la carrera que no hubiesen hecho otros. Recordé que siempre se me había dado bien organizar charlas, jornadas y coloquios de manera desinteresada en la universidad. Mi agenda era nutrida y quizás pudiera sacar partido de ello. Si aquellas personalidades del mundo del periodismo y el deporte habían venido gratis a la Complutense, ¿por qué no vendrían a compartir su conocimiento de manera remunerada a PEVYPE? Aquella tarde nacieron mis cursos de periodismo especializado.

Pese a que el embrión ya estaba en mi cabeza, aún quedaba un largo camino por recorrer. Había que armar el profesorado, seleccionar las temáticas, establecer un precio, una duración y, sobre todo, darle difusión. Estaba convencido de que esta vez no fallaría, más que nada, porque podía adoptar sin problemas una visión clientecéntrica. Yo mismo había pasado por el lugar en el que estaban mis futuros clientes (estudiantes de periodismo) y sabía de sus necesidades formativas. Sabía también que la gran mayoría no podían asumir los altos costes de los masters especializados ni tener prácticas reales. Y además conocía la frustración de ser un individuo más en clases hiper masificadas, donde ni llegas a conocer al profesor y viceversa.

Con todos los ingredientes en mi mano, tocaba centrarse en el análisis de la competencia. Este es uno de los puntos clave de cualquier plan de empresa y os puedo asegurar que por más empeño que le pongáis, siempre acabaréis encontrando competidores a posteriori. En mi caso no era muy complicado localizar estos actores, ni las ventajas que ofrecían mis cursos con respecto a lo que ya había. Decidí centrar mis fortalezas en tres pilares: accesibilidad económica (no valdrían más de 300€), pluralidad en el profesorado (de diferentes medios y estilos) y reducción del alumnado en clase (un máximo de nueve). Como venía siendo costumbre lo que más me costó fue dar a conocer los cursos. Consciente de lo mal que se me daba el marketing y la publicidad online, tiré de metodología clásica. Diseñé unos carteles, los imprimí en tamaño A3 y me recorrí los caladeros de posibles clientes con un par de rollos de celo y varias chinchetas. En apenas unos días, todas las facultades de comunicación que había en Madrid (sin excepción) contaban con carteles. Y oye, ¡funcionó!

Para empezar, decidí lanzar dos convocatorias: una para el mes de abril y otra para mayo-junio. Ni qué decir tiene que no me costó demasiado cerrar al profesorado de la primera edición, aunque a posteriori muchos me confirmaron sus dudas. Creo que fue el concepto del curso y la ilusión que veían en mis ojos lo que les hacía sumarse al barco. Consciente de que podía tener errores, decidí contentarme con los seis alumnos que se apuntaron al curso inaugural. Mi umbral de rentabilidad estaba en cuatro alumnos, a partir de ahí, ganancias. Aunque claro, al tratarse de un precio accesible no me iba a hacer millonario. Mi principal temor estaba en ver qué tal se les daba la docencia a los profesores que había seleccionado. Algunos tan solo se limitarían a dar una masterclass, pero otros vendrían hasta un total de cuatro veces. El inicio de las clases confirmó que mi temor no era infundado aunque, comparado con lo que estaba por venir, se quedaba en la categoría de chiquillada.

Cuando tuve claro que quería hacer los cursos, llamé al señor Pemau de AJE para llegar a un acuerdo en el alquiler de uno de los locales de la galería de Colegiata, 11. Le comenté que lo necesitaría por unos tres meses (hasta finales de junio) y que dependiendo de cómo se diera la cosa, vería si renovar o no. Al igual que ocurrió en mi primera visita, Pemau se mostró accesible pero insistía en algo que me ponía un poco nervioso: que me asociara a AJE, que pagase la cuota y formase parte de la asociación. Le comenté que, por el momento, no veía claro el dejarme un dinero que hasta la fecha me era escaso. Que, si todo iba bien y me ayudaban con aquella primera experiencia, ya vería. Él arrugó el hocico y cesó en su insistencia. Decidí celebrar la ocupación de mi primer local con una bebida de la tienda ecológica de la entrada. Me guardé el ticket de recuerdo y me fui andando hasta el Metro de la Puerta del Sol, o debería decir Vodafone Sol, como por entonces se llamaba.

¿CÓMO ME ENFRENTO A LA COMPETENCIA?

Pese a que no la enumeré en la lista de errores clave de un emprendedor novato (porque mi primer modelo de negocio, no la tenía), la competencia tiene que ser sí o sí uno de los elementos fundamentales a tener en cuenta. Yo iría incluso más allá y lo colocaría en la categoría de excluyente. Es decir, si la competencia supone un gran escollo o un elevado muro, desiste de lanzar ese producto o servicio de la manera en que tenías pensado hacerlo.

Existen dos tipos de modelo de negocio: los que tienen competencia y los que no. Pero incluso en los segundos, que son minoría, tendrás que tener en cuenta por qué no tienes competencia. Puede ser que seas un genio y seas la primera persona a la que se le ocurre ese concepto nuevo pero, en la mayor parte de los casos, la ausencia de competencia significa que en ese campo o área de negocio no hay ventas que rascar ni clientes a los que engatusar. Por tanto, si tienes la suerte de que tu modelo de emprendimiento es de estos, encárgate antes de buscar clientes ocultos que estarían dispuestos a pagar por lo que les vas a ofrecer.

El segundo tipo de negocios son el resto. Veamos los pasos y preguntas que nos tenemos que formular. Lo primero es hacer un análisis exhaustivo y localizar el máximo número posible de competidores. ¿Cómo les va? ¿Es un negocio al alza? ¿Aparecen o desaparecen empresas que se dedican a esta actividad? Y la pregunta más importante: ¿queda una porción de pastel para mí? O lo que es lo mismo pero en términos empresariales: ¿me puedo hacer con una cuota de ese mercado?

Para entender bien la disyuntiva, pongamos el ejemplo de un nuevo supermercado. Por supuesto, existe competencia, pero la demanda es elevada, pues siempre existirá la necesidad primaria de alimentarse. Ahora bien, si decido vender las marcas básicas como hacen otros súpers, (es decir, si no me diferencio en product) tendré que buscar otras variables por las que atraer clientes: ubicación sin competidores a la redonda, servicio al cliente, limpieza, entrega a domicilio, precio de venta, etc. Mi consejo es que siempre que emprendas intentes hacerlo con algo diferencial, nuevo, llamativo, algo a lo que te puedas aferrar y que sea la bandera de tu negocio. Si monto un súper que simplemente vende los mismos productos que ofrecen otros y del mismo modo, no llamaré la atención de nadie y probablemente no lograré cambiar las costumbres de mis potenciales clientes. Recuerda que el ser humano es un animal de costumbres y que le cuesta horrores cambiar su rutina y salir de su zona de confort.

Ser innovador, a la larga, da sus frutos. Insisto en mi obsesión por no ser uno más del montón. Diferénciate y tendrás parte de la partida ganada, pero recuerda: innovación sin testeo y aprobación por parte de tus clientes potenciales no sirve de nada.

24 ESTRENANDO CURSOS

Tan pronto como dispuse del nuevo local, abandoné el hecho de hacer las retransmisiones deportivas desde el ya citado bar que nos acogía. Mantuve eso sí los directos musicales, que iban *in crescendo* a medida que las propias bandas emergentes corrían la voz de lo que allí se hacía. Aquel primer paso hacia la independencia me hacía especial ilusión. Nunca antes había pagado un alquiler ni había tenido en mi mano las llaves de un lugar al que solo yo (y el señor Pemau de AJE) podía acceder.

Mi pequeña oficina / local no estaba a la vista y no formaba parte como tal de la galería comercial. Eso sí, para entrar había que abrir una de las peceras de cristal, subir unas escaleras, bajar otras tantas y atravesar un pequeño arco que daba acceso a la sala. El lugar disponía de luz natural y tenía la mitad de las paredes pintadas de negro, con la idea de usarse como pizarras. Aquel invento, muy de empresa americana incipiente, me comenzó pareciendo fantástico y me acabó pareciendo una guarrada. ¿Qué éramos, artistas rupestres?

La inauguración oficial de los cursos la llevó a cabo un mito del periodismo deportivo español: José Ángel de la Casa. La voz del fútbol en TVE durante tantos y tantos años formaba parte del cartel que había diseñado. Ya retirado y algo pachucho, de la Casa era una auténtica enciclopedia de anécdotas e historias periodísticas. Asistí a su masterclass como uno más, atendiendo ojiplático desde el fondo de la sala a su relato. Que aquel hombre, por muchos recordado por el famoso 'goooool de Señor' del 12 a 1 que la Selección endosó a Malta en 1983, decidiera formar parte de esta locura que había creado era motivo suficiente para sentirse orgulloso.

Pese a que no lo anunciaba de un modo destacado, más que nada porque no era nadie en el mundillo, yo mismo formaba parte del profesorado del curso. Además de dar unas clases más prácticas que teóricas basadas en una metodología cuando menos cuestionable, mi labor pasaba por supervisar las clases y corregir a los profesores que no hacían lo que yo quería. Por supuesto, aquel primer curso tuvo problemas de todo tipo. Uno de los profesores resultó ser un horror. No sabía dar clase, tuvo trifulca con una de las alumnas y para colmo me pidió más dinero. La exigencia del mediocre se presentó ante mí la primavera de 2013 y ya no me abandonaría hasta la actualidad. Hubo también problemas técnicos y de índole similar, pero el que me esperaba al final de la segunda semana de curso no estaba en el guion.

Aquel día, Pemau apareció por las instalaciones de la galería de Colegiata. Hacía tiempo que no le veía, por lo que su presencia no dejó de sorprenderme. Tras su enésimo intento de que pagara la cuota de inscripción a AJE, me soltó la bomba. Me dijo que en un máximo de 5 días tenía que desalojar el local. Que aquella galería dejaba de pertenecer a AJE y que se llevarían todos los muebles la semana siguiente. ¡Ah! Y la conexión a Internet, añadió. Os podéis imaginar la cara que se me quedó. No me salían las palabras. A duras penas le reproché que no me podía dejar tirado, que se había comprometido conmigo para 2 meses y que me parecía increíble que una asociación que supuestamente ayudaba a los emprendedores me estuviese buscando la ruina. A Pemau le importaba un pimiento lo que yo pudiera decirle, al menos eso es lo que expresaba su rostro. Le dije que, al menos, me dejara terminar el primer curso y que ya me buscaría la vida con el segundo. Me dijo que no, que imposible. Respondí a su enroque con otro enroque. Le aseguré que no me iría, al menos hasta que acabara el primer curso, a lo que él sentenció con un: "yo te he avisado. Un día llegarás y te encontrarás los muebles en la calle". ¿Se atrevería Pemau a cumplir con lo que me decía? Y lo que es peor, ¿habría sabido que esto iba a ocurrir y aun así me ofreció aquellas instalaciones? En mi cabeza resonaban con insistencia estas preguntas, a la vez que recordaba las veces que me instó a pagar la cuota de asociado a AJE.

En medio de la incertidumbre, el curso alcanzaba su tercera semana (constaba de cuatro) y se disponía a cruzar el ecuador lectivo. Aquel lunes era el día 4 en el calendario de amenazas de Pemau. Todo seguía en orden pero mi preocupación a menos de 24 horas de la fecha límite crecía sin parar. ¿Qué podía hacer? Ser sincero con los alumnos y los profes no entraba en mis planes, por lo que me guardé el sufrimiento en silencio. Al día siguiente, y ante el miedo de que las amenazas fueran ciertas, llegué con una hora de antelación a la calle Colegiata. El corazón me dio un vuelco cuando, con incredulidad, observé cómo los muebles que componían mi oficina estaban en la calle. Pemau había cumplido sus amenazas y yo tenía un problema grave. ¿Qué habríais hecho vosotros? ¿Llamar a Pemau y cagaros en todo? ¿Cancelar el curso provisionalmente en busca de una solución? ¿Echaros a llorar y pedir que la tierra os tragase?

Con las pulsaciones en ascenso entré en la galería y busqué al responsable de aquello. En la tienda ecológica, la camarera del turno de tarde me dijo que no había nadie en la galería y que al llegar ella ya se había encontrado el percal. Respiré hondo y me puse manos a la obra. Disponía de una hora para volver a meter los muebles en mi local y dejarlo como si nada hubiera ocurrido. Comencé por los más ligeros pues, si recordáis, para acceder al lugar de los cursos había que subir y bajar escaleras. Por ello, había tres mesas que eran imposibles de cargar para una única persona. Irremediablemente tuve que esperar a la llegada del primer alumno para volver a dejar todo como estaba. Le expliqué con confianza lo que había pasado y me ayudó sin pensarlo. Gracias a las dimensiones reducidas del alumnado, en pocos días había conseguido generar confianza y camaradería con todos ellos, por lo que me sería más sencillo que empatizasen conmigo.

Una vez la reconstrucción de la sala fue completa, les conté a todos lo que ocurría. Sus caras denotaban incredulidad, aunque lo aceptaron y me apoyaron. Yo les aseguré que el curso se iba a llevar a cabo hasta el final, que podían estar tranquilos. Debieron perder peso mis palabras cuando nos dimos cuenta de que Pemau se había llevado el router que nos daba acceso a Internet. Otra traba más que requería de una respuesta inmediata. Mientras compartía datos con mi móvil se me ocurrió una solución provisional. Rápidamente, me encaminé a la tienda ecológica. Pedí un café con leche y la clave de Wifi. Había conseguido salvar el día.

De camino a casa llamé al señor Pemau. Si sus palabras eran ciertas y la galería dejaba de pertenecer a AJE, alguien sería el responsable ahora de esos locales. Se me ocurrió que quizás esa persona podría darme la opción de terminar mis cursos. No sin facilidad y tras expresarle una vez más lo desagradable de la situación que había provocado, Pemau accedió a darme el teléfono de la persona que gestionaría aquel espacio. "No te va a hacer ni caso", me advirtió. Esta fue la última vez que hablaría con aquel pusilánime de AJE, que encima se atrevía a darme consejitos y advertencias. ¿Nos volveríamos a ver? Colgué y añadí en mi agenda el número del nuevo dueño: Tonino Colegiata.

25 EL DUEÑO DE LA GALERÍA

Tras varios tonos de espera, una voz estridente resonó al otro lado. Sorprendido de manera positiva tras la negativa advertencia de Pemau, le conté a Tonino la situación en la que me encontraba. Aquel hombre parecía no tener inconveniente alguno en que yo terminase los cursos en el local de la calle Colegiata. Es más, incluso se puso en contacto con el señor de AJE para que todo quedara en orden. En aquel momento no sabía muy bien si ese buenismo y predisposición a ayudarme se basaba en mera bondad, o si por el contrario ocultaba una afrenta de Tonino con Pemau, o con la entidad a la que representaba este último.

Con la tranquilidad del problema resuelto, el lunes comenzó la última semana del primer curso. Seguíamos sin WiFi, pero al menos los muebles no se habían movido de su sitio. Consciente del perjuicio que provoca en el siglo XXI la falta de Internet, todos los contenidos de aquella semana los había previamente descargado o impreso. Llevar a puerto el velero del curso entre marejadas e inexperiencia debía considerarse un éxito, aunque no podía ocultar un desagradable amargor: el de la exigencia personal.

No recuerdo muy bien qué día fue, pero lo cierto es que sin previo aviso, Tonino se presentó aquella semana en la galería de la calle Colegiata. De frente amplia y pelo hacia atrás, aquel hombre daba la sensación de estar a punto de hacer estallar sus ropas. Si hubiera podido, estoy convencido de que algún botón de su camisa hubiera renunciado a su puesto de trabajo antes de salir disparado cual proyectil. El pantalón no le iba a la zaga. Sin embargo y pese a lo petada de su ropa, no se podía decir que aquel hombre estuviese gordo. Tampoco que formara parte del cliché de empresario engominado y trajeado. No le hacía falta, pues el exceso de confianza que denotaba en todos sus movimientos se lo permitía. Si ese hombre chocara por despiste contra una puerta ni se haría daño ni se partiría el tabique de la nariz, pues a la vanguardia de su cuerpo iba su inflado pecho. De este modo y con la mano extendida se acercó a saludarme. Tonino era de los que exprimía zumo en los apretones, dándote a entender quién dominaba la situación desde el minuto uno. Más allá de la tienda ecológica de la entrada no había nadie por lo que deduje con éxito quién era yo.

Hablamos durante unos minutos y volví a exponerle mi situación, sin olvidarme de darle las gracias por su ayuda tras la situación provocada por el impresentable del señor Pemau. Como me pareció adivinar, Tonino no sentía demasiada simpatía por las instituciones de emprendimiento y ayuda a empresarios. Ni por AJE ni por ninguna que hubiese en Madrid en el año 2013. Mi caso no había hecho más que reforzar sus ideales, lo único en el mundo en lo que creía por encima de todo. Quizás fue esta sintonía lo que le llevó a contarme sus planes: quería convertir la galería de Colegiata en un Instituto de emprendedores, una especie de incubadora de empresas de nueva creación que contaría con el asesoramiento y la mentorización de personas a las que Tonino consideraba 'los mejores'. Sus intenciones pasaban por comenzar después del verano, por lo que quedarme allí hasta acabar el segundo curso y la temporada de retransmisiones no sería ningún impedimento. Eso sí, me advirtió que debería pasarme a una de las peceras de cristal de la galería, ya que el lugar que yo ocupaba actualmente iba a ser el despacho de dirección del Instituto. Además tendría que buscarme nuevos muebles, pues los que Pemau se quería llevar, él los iba a tirar a la basura, directamente. Cuestión de estética.

Aquello no me supuso ningún problema, como tampoco lo sería el precio del alquiler. No se me olvidará jamás lo que Tonino me dijo al respecto: "mis problemas son a partir de los seis ceros, así que pon el precio que tú consideres y firmas el contrato con mi secretaria". ¿Perdona? ¿Con quién narices estaba tratando? ¿Sería todo apariencia o aquel hombre tenía el dinero por castigo? Necesitaba saber más de él así que comencé por echar un vistazo al contrato. El local de Colegiata no estaba a nombre del Instituto que se avecinaba, si no al de una empresa de trasteros y almacenamiento de muebles. Efectivamente, Tonino aparecía como administrador de aquella sociedad que contaba con varias sedes en Madrid; curiosamente, una de ellas se encontraba justo enfrente de AJE. Pero mi intención no era esta, sino averiguar los dos apellidos de Tonino y saber algo más de su presente y pasado.

Aquello que estaba haciendo era simplemente precaución. Tras el susto del señor Pemau, había aprendido la lección. No podía dejar ningún cabo suelto. Cuanta más información tuviese del que iba a ser mi "casero", mejor. No solo ganaría en tranquilidad si no en capacidad de anticipación frente a lo que pudiera venir. Gracias a Google y todas las páginas de registro de empresas y empresarios que te ofrecen datos básicos de manera gratuita me hice una idea de quién era este señor. Aún no aparecía nada del Instituto de Nuevas Empresas en los registros, pero su nombre sí que figuraba como cargo de relevancia en otras empresas de índole diversa. Pese a que alguna no guardaba relación, se vislumbraba un patrón común en torno al tema inmobiliario. Quizás de ahí viniese su aparente bienestar económico, pues no sería el único español que hubiera hecho el agosto en la época de bonanza del ladrillo. Sin embargo, un par de resultados en la búsqueda de Google hizo que se encendieran todas las alarmas. Su nombre aparecía varias veces en un foro de impagados, obviamente como deudor. He de reconocer que aquello no me gustó un pelo. No obstante, y tras reflexionar unos segundos, me tranquilicé a mí mismo: era yo quién tenía que pagarle a él y además, tan solo estaría allí el mes que durase mi segundo curso. No había de qué preocuparse mientras esa fuese nuestra relación.

26 LA MANCHA DE ANGOSTURA

Efectivamente, Tonino no rechistó ante la cifra de alquiler que anoté para aquel mes de junio. O más bien debería decir que no dijo nada porque pasó olímpicamente de saberla. Tiré por lo bajo, para que nos vamos a engañar, y eso que para aquel segundo curso había colgado el tan ansiado cartel de 'plazas agotadas'. Si a este hecho le sumamos el que os voy a relatar a continuación, la cosa me salió casi regalada.

Aquella mañana previa al inicio de las clases, me encontraba aderezando mi nuevo local. La gran parte de las paredes eran de cristal por lo que todo aquel que se adentrase en la galería podía ver perfectamente qué andaba haciendo allí dentro. Era bastante más espacioso que el primero y además contaba con un sistema de aire acondicionado que, eso sí, funcionaba cuando le daba la gana. Además, los nuevos muebles de la sala daban mucho mejor aspecto que los primeros: aquellos viejos armatostes del señor Pemau. Los había comprado a través de Wallapop y me habían resultado una absoluta ganga, pues una oficina enorme en la calle Hermanos Bécquer (junto a la Embajada de EEUU en Madrid) había cerrado y les corría prisa deshacerse del mobiliario. Era tal la oportunidad que hasta mi padre, un absoluto descreído del mundo online, volvió al día siguiente para llevarse tres sillas anatómicas y repartirlas entre la familia.

Pues bien, como os comentaba, y debido a la transparencia de mi local pecera, un hombre que llevaba mirando un rato tocó a la puerta. Me dijo que representaba a una asociación de ciudadanos peruanos residentes en Madrid y que andaba buscando un local donde poder hacer reuniones de diversa índole los fines de semana. A continuación me planteó la posibilidad de compartir el habitáculo. A bote pronto no me pareció mal, pues los fines de semana yo no iba a utilizarlo. Los cursos eran de lunes a miércoles y las retransmisiones de fútbol ya habían acabado aquella temporada. Tras obtener el permiso de Tonino, sin demasiado entusiasmo, le di el OK a Aníbal, mi nuevo socio de local, y le dejé claras las normas de convivencia. Puesto que todo el mobiliario era mío debía tratarlo con respeto y cuidado, además de dejar el local limpio como el culito de un bebé de cara al lunes. Yo haría lo mismo todos los miércoles.

Las dos primeras semanas transcurrieron sin incidencias. Si bien es cierto que Aníbal no era Madame Doubtfire en sus labores domésticas, la pecera quedaba presentable para su uso. Sin embargo y como ocurrió con Pemau, la confianza se rompió en poco tiempo. Aquel lunes de la tercera semana acudí al local por la mañana para enseñárselo a mi madre. Cuál fue nuestra sorpresa cuando nos lo encontramos como si hubiese sido el lugar de rodaje de Resacón en las Vegas. Había incluso cristales rotos amontonados en el suelo y restos de licor, así como pringues pegajosos varios en las mesas que utilizaban mis alumnos. Por suerte disponía de unas horas hasta el inicio de las clases. No hizo falta llamar a Aníbal para que limpiase aquel desaguisado, pues apareció por la puerta a los 10 minutos. Pocas veces había estado tan enfadado. ¿Qué le pasaba a la gente? ¿Por qué no podían cumplir su palabra?

Según mi madre, el rapapolvo que le eché a mi nuevo socio fue de notable alto. Supongo pues que le quedó claro, especialmente después de la estocada final que mi madre urdió contra él. Ya sabéis, las madres siempre tienen que tener la última palabra. Nos fuimos a comer a un sitio cercano al Rastro con la amenaza de que volveríamos a las 16.00. Para entonces, Aníbal ya se había marchado. El aspecto de la pecera era algo más presentable aunque las mesas seguían siendo testigos mudos del juergón. No sé qué narices era aquella sustancia rosa fuerte, pero la única manera de extraerla de una de las mesas fue arrancar la capa blanca que la recubría. Joder, ni dos semanas me había durado impoluta.

Tras la clase de aquel día, Aníbal volvió a recibir mi reprimenda. Por teléfono me reveló que aquel líquido pegajoso era angostura, lo que sinceramente me importaba un pimiento, y que no estaba dispuesto a asumir el coste de una mesa nueva. En apenas unas semanas tenía la sensación de estar algo más preparado para la resolución de conflictos no amistosos. Así que sí, lo hice. Amenacé a Aníbal. Le dije que o tenía el lunes una mesa nueva sin angostura ni mierdas de esas o que se atuviera a las consecuencias. Era consciente de que mis 24 años recién cumplidos y mi tono de gangster de marca blanca no le iban a asustar, pero oye, había que intentarlo.

¿Qué creéis que hizo Aníbal al lunes siguiente? Efectivamente, pasar de mi cara. La mesa del conflicto y la angostura seguía mostrando sus cicatrices con la dignidad de un soldado, pero con la irritación de su dueño, es decir, yo. Por más que me esmerara en mi plan de amenaza sería complicado disponer de una mesa nueva para la finalización del curso, pues tan solo le quedaban tres días. ¿Qué podía hacer para hacer reaccionar a Aníbal? Ya en casa busqué información de la asociación peruana a la que alojaba en mi pecera. Aníbal era un simple vocal y tenía varias personas por encima. Llamé haciéndome pasar por la prensa y pedí hablar con el Presidente. Me lo pasaron sin problemas. Ya con el peruano supremo al otro lado del teléfono le conté la verdad y le relaté lo acontecido. Le dije que si no hacía nada, hablaría de los lingotazos que se metían sus asociados los fines de semana y de cómo me dejaban el local, con un programa de radio referente para la comunidad latina en el que yo había trabajado. Esto último era cierto, lo hice en 2012 en Radio Nacional de España, aunque jamás se me habría ocurrido llamarles para contarles la mierda de la mesa con angostura. El Presidente de la asociación reaccionó ofendido y me preguntó si le estaba amenazando. Le dije que sí, pues era la única vía de la que disponía para que me hicieran caso. Ofendido, me colgó. Estaba claro que el matonismo no era lo mío, pero oye, no me podía rendir.

Al día siguiente y para mi sorpresa, Aníbal me llamó. Estaba hecho una furia, pues al parecer su Presidente le había llamado al orden. No obstante, rápido cambió de tono. Ya en modo servil me confesó que accedería a pagarme el montante de la mesa estropeada. ¡Joder, había colado! Decidí aplazar la fiesta hasta tener el dinero entre mis manos, pues quería dármelo en persona. Os mentiría si no dijera que por un momento se me pasó por la cabeza que Aníbal y sus secuaces me quisieran ver para otra cosa. Muy peliculero, lo sé, pero la verdad es que no conocía de nada a aquella gente. Efectivamente mis miedos fueron infundados. No solo me soltó los 50€ sin rechistar si no que además me pasó la mano por el lomo. Quería hasta invitarme a una cerveza para sellar la paz. Le dije que tenía prisa (mentira), a lo que él respondió extendiéndome su mano. ¿Amigos?, me preguntó. Evitando dar una respuesta le estreché la mano y me marché del bar. Nunca más volví a ver a Aníbal ni a los suyos, aunque la mancha de angostura aún perdura. No reemplacé la mesa, pues me recuerda a mi primera victoria moral en una realidad voraz. Aquellos 50€ había que disfrutarlos de otra manera. Y no, no penséis en juergas o comilonas. Los destiné a amortiguar el impacto de la cuota de autónomos de aquel mes. ¡Qué poco dura la alegría en la casa del pobre!

27 LA FREGONA QUE ATRAJO A LOS SEÑORES DEL AGUA BENDITA

Mi victoria sobre el caradura de Aníbal se cimentó en jueves. Lo recuerdo bien porque lo que parecía ser un hecho a reseñar en mi carrera de empresario se quedó en nimiedad con lo que el destino me tenía reservado aquella tarde. El curso había acabado el día anterior con unas valoraciones sensacionales y la época estival asomaba en el horizonte cargada de incertidumbre. Aquel 2013 cambió mi perspectiva del verano. La percepción que un autónomo, emprendedor, empresario o responsable de un negocio que, no tenga que ver con actividades turísticas u hosteleras, puede tener de esta estación del año no es comparable a la del resto. Nosotros afrontamos 2-3 meses de reducción o incluso sequía de ingresos, autofinanciamos nuestras vacaciones y tenemos que seguir pagando alquileres, cuotas a la seguridad social, impuestos, etc. Por lo tanto, mi primera decisión pasaba, sin duda, por dirimir qué iba a hacer con mi local pecera.

Continuar con el alquiler sin tener ninguna actividad que desarrollar me parecía una locura. Pero, ¿y los muebles? ¿Qué pasaría cuando volviera a lanzar los cursos? ¿Y las retransmisiones de fútbol? Decidí postergar la decisión, pues aún restaban unos días de junio y por tanto de alquiler. Con el dinero de Aníbal en el bolsillo me dirigí al local de Colegiata. Como al acabar el curso me fui a tomar algo con los alumnos, no había podido limpiar la pecera como de costumbre. Bajé al baño de la galería (común al resto de peceras y la tienda ecológica) y llené el cubo con agua para fregar el suelo. Cuando volví arriba me encontré una imagen difícil de olvidar. Un capellán, cura o lo que fuera uniformado eclesiásticamente (disculpad mi ignorancia católico descriptive) rociaba agua por las paredes y el suelo de la galería. Al caballero del agua bendita le acompañaba otro señor entrado en años, pero en esta ocasión vestido de calle. Me miró con recelo, pero no me dijo nada y la verdad es que yo tampoco. Paradojas de la vida, mientras el cura hidrataba paredes y suelo con fines místicos, yo hacía lo mismo, fregona en mano, por una pura cuestión de higiene y presencia. Por un momento no pude quitarme de la cabeza la idea de qué hubiera pasado si el acto sacral de la galería hubiera coincidido con la fiestaca de Aníbal y la angostura.

A los pocos minutos de que el eclesiástico marchara con la tarea realizada, un nutrido grupo de personas comenzó a desfilar por la galería. Todos, bien vestidos, guiados por Tonino y el señor entrado en años con el que había coincidido minutos antes, me contemplaban con curiosidad como si fuera un mono capuchino en el zoo de Madrid. ¿Qué cojones miraban? Agaché la mirada y seguí a lo mío mientras trataba de deducir, a lo lejos, la homilía que Tonino soltaba a sus invitados. Pese a la aparente fragilidad de las paredes, lo cierto es que la pecera estaba bastante bien insonorizada. Tras una pequeña "tourné" de unos minutos, vi al nutrido grupo de invitados meterse en el único local opaco, cercano al mío. Todos parecían ser personas de postín, salvo un par de jóvenes que flirteaban a la cola del pelotón. Salvo aquella chica de edad inferior al resto y otra señora, el rastro de mujeres era casi nulo.

Tan pronto terminé con mis labores domésticas me puse a

adelantar tarea con el ordenador. Aquella tarde vendría a visitar la pecera un buen amigo y tenía que hacer tiempo. Roberto, pues ese era su nombre, acudió prácticamente a la par que acababa la reunión de los visitantes. Le enseñé mi pecera y le transmití mis dudas sobre qué hacer con ella de cara a verano. Fue en ese momento, ese jueves por la tarde charlando del futuro, cuando éste cambiaría drásticamente. Aún no lo sabía pero estaba a punto de pasarme el nivel 1 del emprendimiento de un plumazo. Tonino llamó a la puerta y abrió. A continuación me soltó una batería de preguntas, todas ellas dirigidas a mi actividad, a quién era yo, de dónde venía, etc. Le conté la verdad, lo que vosotros ya sabéis: mis orígenes humildes, mis escasos conocimientos del mundo de la empresa y los logros, pocos, que pese a ello iba cosechando. Tonino centró el tiro en lo de las retransmisiones para Centroamérica. ¿Cómo lo haces? Le expliqué el funcionamiento de una radio online y concluí que, a día de hoy, cualquiera con un poquito de interés podía montarse una de un modo económico. Entonces llegó la pregunta del millón: ¿Sabrías hacer streaming de vídeo? Aunque creo que ya os lo expliqué en la Parte I del libro, 'streaming' es un palabro en inglés que viene a significar retransmisión en directo a través de Internet. Hasta la fecha, yo nunca había hecho un streaming de vídeo, pero prefería ocultarlo. "Sí, claro, ahora mismo no lo estamos haciendo, pero no habría problema", aseguré.

"OK, pues si te parece, el lunes a las 16.00 hacemos una prueba aquí en Colegiata. Ya te iré contando", replicó Tonino. Se despidió y marchó a la tienda ecológica donde gran parte de los invitados tomaban un vino.

Ea, pues ya la había liado. No sabía muy bien qué quería conseguir mi misterioso interlocutor, pero lo cierto es que disponía de tres días y medio para conseguir hacer un streaming de vídeo decente. Estaba claro que necesitaba ayuda pues la palabra vídeo me era tan desconocida como la costumbre de echar agua bendita para inaugurar lugares. En un acto reflejo pregunté a mi amigo Roberto. Él era más de foto, pero tenía un Grado en imagen y por tanto ciertas nociones. Me comentó que uno de sus compañeros de la FP mancjaba del tema y que iba a preguntarle. Había que salvar la pelota de partido como fuera así que me dio igual a quién llamase. La prueba del lunes fue un auténtico despropósito. Y sí, lo reconozco, me confíe. Pensé que mi amigo y su conocido sabrían resolver el problema, pero al final acabó resultando que sabían poco más que yo. El streaming apenas se sostenía online, se caía todo el rato y la calidad era paupérrima. Ni mi ordenador era el adecuado, ni la cámara de fotos de mi amigo era de lo más ortodoxo, pues se calentaba que daba gusto. Si aquella gente, (Tonino y los suyos, me refiero) hubiese sido puntual, nos habrían mandado a paseo. Su retraso de una hora nos dio la oportunidad de diseñar una ñapa (recordad el término) de las que hacían época. He de decir que, a duras penas, conseguimos que durante 3-4 minutos el streaming fuera decente y estable. Después se caía y había que empezar de cero, pero cabía la posibilidad de que Tonino sólo viese uno o dos minutos y se diera por satisfecho. Había que jugársela.

Efectivamente, no andaba muy alejado de lo que ocurrió. Tres personas acudieron al lugar del ensayo tras una buena comilona maridada con vino. Yo no sé muy bien qué se les pasaba por la cabeza pero estaban igual de emocionados que las personas que acudieron al cine por primera vez a ver las pelis de los Lumiére y compañía. "Mira, mira, que salimos en la pantalla". "A ver, a ver, mueve el brazo. Di algo". Era Tonino quien escudriñaba nuestros aparatos pero sin mediar palabra. Creo que se contentaba con el regocijo de los otros, aunque me daba la sensación de que sospechaba que aquello no iba del todo bien. No obstante pasamos el test, pues a los 2-3 minutos decidieron darle continuidad a la sobremesa en la tienda ecológica de la entrada. Rápidamente, apagamos la cámara antes de que apareciese el acechante error quedando nuestras cartas al descubierto.

Mi amigo y su colega se marcharon, pero yo necesitaba saber de qué narices iba aquello. Su retraso de más de una hora nos había salvado el culo, pero denotaba escasa profesionalidad y una falta de respeto total a nuestro trabajo (por muy regulero que fuese). Me acerqué a la tienda ecológica con gesto de, bueno, y ahora qué. No me parecía el mejor momento para hablar, pero necesitaba respuestas. Tonino, misterioso y despreocupado, como siempre, me citó para el miércoles de aquella semana. Le dije que OK, pero que necesitaba saber qué hacer con los muebles de la pecera, pues julio llegaba al día siguiente. "Déjalos ahí, de momento", fue su respuesta. Pensando que, al menos, había resuelto un problema, me marché. El cielo amenazaba con jarrear de un momento a otro así que me decanté por coger el metro en Tirso de Molina en vez de dar mi particular paseo hasta Sol. En la cabeza de otros, mi futuro ya estaba decidido, pero yo, de momento, no tenía ni la menor idea.

28 BIENVENIDO AL NIVEL 2

Tonino y el señor entrado en años que acompañaba al cura del agua bendita me esperaban en su despacho. Aquel lugar, recordad, del que me desalojó el señor Pemau, lucía cambiado. En apenas unos días lo habían redecorado aunque tampoco se podía decir que aquello fuera un cambio radical. Lo que más me chocó fue la puerta blindada que habían instalado para acceder al cuartel general.

Con la mirada vigilante del señor entrado en años, Tonino comenzó a soltar su perorata. Estoy convencido de que le encantaba escucharse a sí mismo y en un peldaño inferior que le escucharan los demás. Si no le conocías, como era mi caso, podía resultar apabullante su nivel cultural, aunque al final de unas cuantas charlas con él te dabas cuenta de que siempre decía lo mismo. No obstante su poder embaucador era innegable. En su discurso siempre aparecían dinosaurios, moléculas, movidas prehistóricas y si le daba por ahí, lo aderazaba con pinceladas de vida extraterrestre.

Al menos tuve que esperar 10-15 minutos para saber verdaderamente qué quería de mí. Y cómo no, comenzó dando un rodeo. Me dijo que a él le importaban las personas, que eso era lo verdaderamente relevante en el éxito de un negocio y que en el momento que me vio con la fregona en mi pecera tras los cursos, supo que yo valía. No os voy a ocultar que flipé un poco. ¿Fregar el suelo me estaba dando una oportunidad? Continué escuchando. Tonino tenía grandes planes para el Instituto de Nuevas Empresas, su nuevo proyecto, y uno de ellos era dotarlo de una infraestructura audiovisual a la vanguardia. Vídeos, vídeos, muchos vídeos y retransmisiones en streaming. "Quiero crear la mayor biblioteca online de contenido audiovisual sobre emprendimiento en castellano", esas fueron sus palabras y esa era al parecer mi misión.

Aquel hombre estaba dispuesto a tirar la casa por la ventana para que su sueño se convirtiera en realidad, pero sabía perfectamente que eso valía una pasta. Por eso decidió encomendarme esa tarea. Una productora nueva, recién salida del cascarón, que trabajase prácticamente de manera íntegra para el Instituto y cuyos precios rebosaran amabilidad y gratitud ante su primer gran contrato. Desde luego no era para sentirse de otra manera que agradecido. Siempre lo he sido, siempre lo seré y por supuesto lo fui en aquel momento. Además, mi precio debería rebajarse un poco más ya que Tonino nos alojaría gratis en el Instituto con todos los gastos pagados. La preocupación del alquiler se borraba definitivamente. Podría continuar con mis cursos y las retransmisiones de fútbol sin problema. Además, en vistas a una reconversión audiovisual, decidí paralizar las entrevistas / acústicos en los bares a bandas emergentes para hacer crecer el proyecto.

Como no podía ser de otra forma, le di las gracias a Tonino y le aseguré que trabajaríamos todo el verano en la búsqueda del mejor método para hacer streaming y dotar al Instituto de la mejor imagen audiovisual posible. Pese a que el proyecto arrancaría en septiembre, prometí pasarle en un par de días una propuesta completa con algún que otro extra que se me estaba ocurriendo. Salí de aquel búnker y giré a la derecha en dirección a mi pecera. Abrí, me senté y resoplé con optimismo mientras me dejaba caer en mi silla anatómica baratija de oficina pija. Comencé a perfilar lo que sería el nuevo PEVYPE, pensando que quizás a aquel empresario soñador y al señor entrado en años les podría molar crear la propia revista en papel del Instituto. Ofrecer algo que hasta la fecha podía dominar, me aportaba una seguridad extra que me ayudaría a afrontar el reto audiovisual con mayor confianza y uno de mis dos pies en el suelo.

Como sospechaba, a Tonino le pareció una idea maravillosa. Escribir de emprendimiento real y poder llegar al público no demasiado familiarizado con lo digital, se antojaba como una estrategia certera. Aquella misma semana cerramos una especie de tarifa plana mensual en la que se incluían todos los servicios que prestaríamos al Instituto a partir de septiembre. ¡Todo parecía tan fácil! Nos deseamos un feliz verano y me marché.

Aquel mes de julio sentía que había entrado de lleno en un nuevo nivel desconocido. La cosa comenzaba a ponerse seria y como ya ocurrió durante mis primeros pasos empresariales, había cometido sin saberlo el primer error del nivel 2. Además, uno de los gordos: confiar en la palabra de un señor que no conocía de nada y del que, recordad, se decían cosas no demasiado halagüeñas en Internet. Un contrato verbal, en este contexto, era con total seguridad un clavo ardiendo al que agarrarse, pero total, ¿qué tenía que perder?

¿ACUERDO VERBAL O CONTRATO CON FIRMA?

A lo largo de tu vida como emprendedor te encontrarás con múltiples situaciones en las que esta pregunta alimentará tus dudas: ¿me puedo fiar de la palabra de mi cliente? ¿He de preparar un contrato con el que tener todo atado en caso de incumplimiento? La respuesta es compleja, aunque con el tiempo y la experiencia irás resolviendo qué casos necesitan de una u otra solución. Seguramente muchas personas de tu entorno te recomienden no fiarte de nadie. Es lo que nos enseñan desde pequeños en casa, en la escuela, e incluso esa idea es reforzada en la literatura infantil constantemente: Caperucita Roja, Hansel y Gretel, Las mil y una noches, etc.

Por muy raro que te parezca, las relaciones empresariales se basan en la confianza. Si una persona / cliente te da mala espina por las cuestiones que sea, a veces, ni siquiera un contrato blindado puede salvarte del engaño, el impago o el trabajo en balde. Las artimañas para el engaño están ahí, accesibles para todos y lamentablemente la justicia no siempre es capaz de resolverlas. Es más, a veces el precio y sobre todo la duración de un pleito hacen innacesible la vía judicial para el perjudicado. Un juicio, en pro de una resolución del conflicto, ha de ser tu última carta. De esto hablaremos unas páginas más adelante largo y tendido.

Lo correcto en una buena negociación es siempre exigir un contrato, pero para ello hay que atender a unos tiempos concretos, pues son importantes. Imaginad que en mi situación le hubiese pedido un contrato al Instituto a dos meses vista de iniciar el proyecto. ¿Hubiera sido correcto? Por supuesto estaría en todo mi derecho, pero quizás no hubiera sido lo adecuado. Me explico. Al igual que el cliente en este caso estaba apostando por mí sin tener ni una referencia de mi trabajo, me sentía en la necesidad de devolver esa confianza creyendo en su palabra. Sin embargo, ¿qué pasaría si tras dos meses de trabajo preparándolo todo, construyendo un equipo, etc., el cliente decidiese echarse para atrás? Parecería pues necesaria la aparición de una tercera vía entre lo verbal y lo firmado: el precontrato.

Como su nombre indica, el precontrato es un documento intermedio, previo al contrato, en el que el cliente deja por escrito su intención y predisposición a trabajar o llevar a cabo cierto proyecto contigo. Es ideal para casos en los que antes de empezar la actividad como tal, necesitas llevar a cabo un trabajo previo o incluso cierta inversión en equipos materiales. Si recordáis, en la parte I del libro ésta fue la solución por la que opté para obtener la confianza del banco en la consecución de la financiación para el proyecto del fútbol. Con el precontrato, consigues cierta tranquilidad sin ocasionar malestar al cliente. Tan solo tendrá que leerse 4-5 líneas y firmarlas. Si en algún momento ves que muestra oposición a su firma con pegas de cualquier tipo, toca pues encender el sentido arácnido o buscar un plan B. Únicamente los estafadores profesionales (que los hay) firman documentos que piensan incumplir sin esbozar muecas.

¿Qué hacer con servicios u obras menores? Cuando la venta o el servicio es de una cuantía baja y apenas se prolonga en el tiempo, un precontrato es añadir papeleo y burocracia, es decir, dificulta la fluidez en una relación comercial. Que esta frase se te grabe a fuego: todo lo que alargue y dificulte la toma de decisión final de compra de tu cliente, aumenta las posibilidades de que esta no se produzca. Piensa en ti y en la pereza que te dan esos larguísimos formularios de compra online. Hay que tratar de evitar el papeleo innecesario. Por todo ello, recomiendo utilizar la figura del presupuesto - contrato. Cuando un cliente te solicite un presupuesto y conozcas sus necesidades, en el mismo pdf, documento de word o lo que utilices como modelo de presupuesto incluye la posibilidad de convertirlo en contrato. Basta con añadir una cláusula a pié de página en la que indiques: "firma aquí para aceptar el presupuesto". De este modo puedes resolver la situación contractual de un modo sencillo y ágil.

¿Y entonces, el contrato para cuándo? Pues para servicios o ventas inminentes que no requieran de un tiempo previo a su ejecución, que sean de una cuantía económica elevada y que contengan ciertas especificidades de actividad. Por ejemplo, si vas a hacer un streaming de un partido de tenis y se va la luz, en el contrato habrías de guardarte las espaldas con una cláusula de conflictos ajenos que incluyese éste que te he comentado. Por ello, es recomendable que prepares un contrato tipo con un asesor o abogado para que te oriente en todos estos vericuetos legales. Pero recuerda, un contrato con exceso de páginas y cláusulas puede espantar a tu cliente. Busca un término medio y añade puntos que también a él le beneficien en casos de mal servicio, garantía o similares.

Es fundamental que interiorices lo importante que es la confianza; tanto que te la den como, ojo, tú ofrecerla. Generar una buena relación con tu cliente puede proporcionarte ingresos futuros. No les falles, trátales con empatía y recuerda, el partido empieza con la negociación previa y el contrato.

29 UNA CASCADA DE MALAS DECISIONES

Ante el volumen de trabajo y la selección de equipo que tenía por delante durante dos meses, lo ideal hubiera sido exigir a mi nuevo cliente un precontrato en el cual expusiera por escrito su intención de trabajar con PEVYPE para el proyecto que habíamos dado forma unos meses atrás. No lo hice, claro está. Confié en su palabra y no me vi en la posición de poder pedir nada. ¿Acaso lo hubiera firmado? ¿Acaso hubiera afeado mi conducta y buscado un sustituto con más tablas?

Mi verano de 2013 se centró en perfilar los contenidos de la revista, hacer mi primera selección de equipo seria y en delegar todo el tema del streaming en las dos personas con las que hice la churriprueba que nos dio acceso al contrato. Pensé que era de recibo darles una oportunidad y que ellos sabrían corresponderme poniéndose las pilas. Ese fue mi segundo error (tras el del inexistente precontrato). Nada. Nada en esta vida se puede dar por supuesto y mucho menos el nivel de implicación de dos personas en un proyecto que sí, vale, les va a dar trabajo, pero que no deja de ser tuyo. Pedir a terceras personas que sientan como suyo un proyecto que no lo es, es una tarea heróica; tanto, que a veces se torna en imposible incluso para los líderes más brillantes. Por entonces yo andaba lejos de ese nivel y mi amigo y su colega tampoco me lo iban a poner fácil.

Mi tercer error fue pensar que mi empresa era una especie de barco de Chanquete al estilo ONG donde podía acoger a todos los periodistas desamparados del mundo y darles un pequeño sueldo. De tan bueno que quería ser, sobrepasaba con frecuencia la línea de gilipollas. Quise premiar a personas que lo merecían, pero que en verdad no tenían cabida en el equipo. No obstante, les hice hueco. Muchos de ellos eran mis chicos de las retransmisiones del fútbol que tanto me habían acompañado en mis inicios. También hice un hueco a mi ex, periodista y en paro, y a mi ya citado amigo como corresponsable de streaming. Prácticamente mi único fichaje estrictamente profesional fue el de Hannah, una chica que se vino de Mallorca, pero que, incluso, no fue mi descubrimiento si no el de una persona que había trabajado conmigo con anterioridad y que me la recomendó.

Con ese panorama de *overbooking* y el primer número de la revista avanzado, llegó septiembre y con él nuestro primer mazazo. Tonino me dijo que lo del streaming iba hacia delante pero que el tema de la revista debería ser aprobado por los otros socios del Instituto. ¿Cómo? O sea, ¿habíamos trabajado todo el verano en un proyecto que pendía de un hilo? ¿Qué pasaría si no lográbamos convencer a los otros tres? Rápidamente me puse en guardia y pedí información a Tonino sobre las otras personas frente a las que tendríamos que defender el proyecto. El panorama era realmente curioso. Por un lado estaba un señor cercano al Vaticano y a la Conferencia Episcopal que se hacía pasar por un gurú de la comunicación. Le acompañaba un caballero apuesto con muchos hijos y con tentáculos en un club de baloncesto del panorama nacional. Por último, pero no por ello menos engreído, otro tótem, en este caso de lo audiovisual que nos miraba con actitud condescendiente por encima del hombro. Menudo papelón.

El día D acabó llegando y con ello la reunión / presentación de proyecto más importante que había tenido nunca. Tonino decidió colocarse en un extremo de la pecera, como quien observaba una pelea de gladiadores sin ningún tipo de escrúpulo: sólo por mero divertimento. "A ver cómo sale de esta mi emprendedor Frankenstein", debió de pensar. La verdad es que la cosa no fue mal del todo. Defendí el proyecto, creo, que de un modo más que correcto con la ilusión de alguien que empieza y la fuerza que veníamos a aportar. Hannah también me echó un cable, pero claro, teníamos el handicap de defender un proyecto que le cuadraba a Tonino, pero no a los otros tres allí presentes. Si hubiéramos sabido que la supervivencia del mismo dependía de más opiniones lo hubiéramos modelado y dado un enfoque más tecnológico / vanguardista. Una revista en papel en pleno siglo XXI quizás se le podía colar a algún dinosaurio de la Iglesia o a un soñador caprichoso como Tonino, pero no al resto de los mortales. Y en efecto así fue. Sintiéndolo mucho, el caballero apuesto, el engreído audiovisual y la abstención del eclesiástico tiró por tierra todo el trabajo de dos meses. El streaming se salvaba, pero la revista nunca vería la luz.

Inmediatamente, mis ojos buscaron a un Tonino que no había abierto el pico ni un solo instante para defender algo que era tan suyo como nuestro. Ni me miró, pues estaba demasiado ocupado agasajando a sus invitados y comentando el experimento sociológico que se acababa de sacar de la manga. El momento era terrible. Yo no sabía muy bien qué decir pero tenía claro que no debía sacar conclusiones precipitadas. Pero claro, pídele prudencia a una persona que se había venido de Mallorca a Madrid para trabajar en esto. Dar explicaciones no correspondía. Me sentía igual de estafado y desilusionado que todos ellos. Solo se me ocurrió pedirles un día de margen y que me dejaran hablar con Tonino. Para suavizar la situación me los llevé de cañas balsámicas, aunque aquel día a más de uno se le instaló de forma permanente una mosca detrás de la oreja.

Dicen, y te darás cuenta de ello, que a las personas se las ve realmente cómo son en situaciones difíciles y no convencionales. Ésta era una de ellas sin lugar a dudas y curiosamente me sirvió para quitar la careta del chico al que consideraba mi amigo: Roberto. Cual cizañero descreído se encargó de sembrar la duda en los demás y ni siquiera esperó esas 24 horas para hacerlo. Lo que no sabía es que aquella actitud era tan solo la punta del iceberg.

Al día siguiente me reuní con Tonino. Se encontraba en la oficina directiva del Instituto, una vez más, acompañado por la sombra del hombre entrado en años. Le mostré mi malestar incidiendo en el compromiso que había adquirido con todo el equipo. Aquel hecho, faltar a mi palabra, me dolía incluso más que el trabajo en balde del verano puesto en la planificación y arranque de la revista. ¿Y ahora qué? Tonino tenía claro que quería contar con nosotros, pero lógicamente por una cuantía económica inferior a la pactada. Ya buscaría otra función para nosotros, parecía insinuar, como si fuéramos sus conejillos de indias. Pero yo no estaba para analizar mucho más que la situación de urgencia del equipo. Quería mantener el bloque, el compromiso y salvar mi palabra. Es entonces cuando cometí el peor error de todos en este nuevo nivel 2. Un error altruista y bondadoso. Queridos lectores, esto que voy a relatar tenéis que evitarlo a toda costa. Dadme vuestra palabra.

Mi equipo aguardaba con impaciencia en la pecera Pevype. Les dije que se sentaran e inmediatamente les solté la bomba sin anestesia. Había que recortar casi un total de 2.000€ en salario, pero eso ellos no lo sabían. Me limité a contarles que podíamos salvar el bloque pero que para ello necesitaría que cada uno se ajustase el sueldo. A la chica de Mallorca no podía bajarle nada, pero quizás las personas de Madrid podían tener un gesto en pro de la supervivencia. Os mentiría si dijera que sus caras fueron de regocijo. Todo lo contrario. No obstante todos asumieron y aceptaron la rebaja. Todos excepto uno: mi amigo Roberto. Aludió que a él se le habían prometido 'x' euros y que eso era lo que quería cobrar. Su discurso tan sólo sirvió para retratar su egoísmo, pues la rebaja quedó aceptada y aplicada igual para todos. Y os preguntaréis: ¿Ese fue tu acto altruista, bajar el sueldo a tu equipo? Pues no. Sin mi decisión personal, el esfuerzo colectivo no habría servido de nada. Así que sí, eliminé por completo la partida presupuestaria que había reservado para mí sin decírselo a nadie. Mi exceso de responsabilidad me condenó a uno de los mayores errores que puede cometer un emprendedor: que su empresa dé dinero a todo el mundo menos a él mismo. Por mucho que lo camuflase como periodo de aprendizaje, situación provisional y semejantes placebos; no os engañaré: la decisión no mereció la pena.

30 EN LA BOCA DEL LOBO

Aquella primera promoción del Instituto la formaban tres nuevas empresas. La primera de ellas era la tienda ecológica de la entrada, la cual había sido fundada por una chica canaria de la generación del 89 (como yo). La segunda era una red social de voluntariado que habían montado dos chavales, cercanos a los 30, cansados de sus antiguos trabajos en los que ganaban una pasta. Por último, un ingeniero, el de mayor edad, se preparaba para dotar a Madrid de una red de alquiler de bicicletas eléctricas.

Los tres proyectos tenían algo en común: no daban beneficios. Es más, las bicis y la red social ni siquiera facturaban un euro, pues apenas habían echado a andar. La tienda, como es lógico, tenía ventas pero no llegaba ni por asomo a cubrir los costes del personal, la materia prima y las instalaciones. Por más que en el Instituto analizaban el caso y sugerían medidas, la cosa no remontaba. No sé si era la situación lo que provocaba el comportamiento histriónico de la dueña o si es que ya venía ella así de serie, pues se mostraba nerviosa, impulsiva y apenas se molestaba en ocultar sus nulas dotes de liderazgo. Que tratara a sus empleados como pingajos me confirmó que tener estudios de ADE o un MBA de los caros no te hace mejor persona. Eso se aprende y se cultiva en otros sitios. Ah, y no cuesta dinero.

Tonino, el señor entrado en años y el resto de sus secuaces creían más conveniente hablar de otros temas, llevar a cabo otro tipo de prácticas empresariales y traer al Instituto a tipos de supuesta reputación para reirles las gracias. Uno de ellos nos contaba entre carcajadas cómo con 17 años había conseguido meter a la mitad de su clase en una estafa piramidal de la que él salió airoso. Otro, de avanzada edad, sostenía que a él le daba igual que se extinguieran los pingüinos pues si eso ocurría ya vendrían otros. Siguiendo con los ejemplos de iluminados, no podía faltar aquel señor pelirrojo que me dijo que tenía que impartir cursos de streaming. Hasta ahí todo bien. Lo curioso era cuando, muy serio, sugería que enseñara mal a mis alumnos para que luego, tras dejarse el dinero en formación, tuvieran que contratar mis servicios. Flipante. Por último, sería injusto no citar a aquel señor que sentía lástima por las mujeres trabajadoras. "Las mujeres no deberían estar para estas cosas", esgrimía. Lo peor es que lo decía en serio, aunque dudo que tuviera el valor de soltárselo a su esposa.

Pese a que aquel lugar apestaba a machismo y gañanería por los cuatro costados, allí estaba yo, sentado de nuevo en el despacho de Tonino dispuesto a escuchar su propuesta de reconversión y subsistencia para PEVYPE. Como era de costumbre, el caballero entrado en años se hallaba presente, además, en esta ocasión, también lo hacía el iluminado pelirrojo. Los tres estaban de acuerdo en que debía unirme a su programa de asesoramiento empresarial y pasar a ser la cuarta nueva empresa de aquella promoción. Les dije que no creía en estas cosas y que no estaba dispuesto a pagar ni un euro por su supuesta formación y dirección. Entonces pasaron al plan 'B'. ¿Y si lo hicieras gratis?, replicó Tonino. Deduzco que su propuesta había sido previamente estudiada por la dirección, pues como acabaron confesando, el Instituto no se podía permitir el lujo de perder a PEVYPE. Lo cierto es que de la galería comercial de la calle Colegiata éramos los únicos con previsión de crecimiento, ingresos reales y una estructura sólida. "Os vamos a hacer grandes", apuntó el iluminado pelirrojo. Pese a que lo que dijera aquel señor, ya me lo tomaba a chiste, acabé aceptando. Total, no tenía nada que perder.

La recta final de 2013 nos consolidó como el brazo comunicativo del Instituto. Hannah, la chica de Mallorca, era la que en gran medida se dedicaba a ello con excelentes resultados. Teníamos la misión de disfrazar al dinosaurio de unicornio, es decir, hacer que aquel lugar pareciera algo más moderno y menos rancio. Mientras tanto, continuamos con las charlas en streaming, buscamos ampliar nuestra cartera de clientes y yo asistía regularmente a las formaciones que ofrecía el Instituto. Como me pasó en la universidad estudiando periodismo, aprendí más del entorno y sus circunstancias que de las formaciones en sí. Conocí de primera mano los problemas de la tienda ecológica y su dueña, la parsimonia en el despegue de los chicos de la red social y cómo el ingeniero de las bicis se la pegó a lo grande cuando apenas unos meses después el Ayuntamiento de Madrid anunció la instalación de una red de alquiler de bicicletas eléctricas: el famoso Bicimad. ¿Acaso no lo vieron venir los mentores del Instituto?

Recuerdo que, por aquel entonces, mis mayores problemas se centraban en la gestión del equipo humano. Mi amigo (cada vez menos amigo) Roberto iba de mal en peor. A su tarea de enmierdar a los demás con diversas ínfulas, se sumaba ahora la de no hacer ni el huevo. Ayudaba a su colega cuando tocaba hacer streamings, pero el resto del tiempo se lo pasaba mirando el móvil y resoplando. En ningún momento salía de él investigar nuevos métodos, ayudar con posibles clientes o echar un cable a otros compañeros. Me tenía hasta el gorro y cada vez me empujaba más hacia la cruda decisión de tener que echarlo. Finalmente y tras varias charlas sinceras, Roberto admitió que su única motivación era el dinero y que se marcharía a Reino Unido por Navidad a cambiar de vida. El alivio para mí, y creo que para todo el equipo salvo para su colega, fue inmenso. Era increíble cómo en apenas tres meses una buena amistad de años se había ido al garete.

Se acercaba final de año y yo seguía sin ver un duro. Mis sensaciones no eran buenas y tan sólo las retransmisiones deportivas para Centroamérica y los cursos me despertaban ilusión. No obstante, decidí aparcarlas en vistas de lo que se venía. Gracias al señor entrado en años y sus buenas relaciones con el Banco Popular, el Instituto había firmado un acuerdo de colaboración con la citada entidad bancaria. En el mismo se habilitaba una especie de barra libre de acceso a financiación para los proyectos empresariales que formaran parte de las futuras promociones del Instituto. Al parecer bastaría la validación de Tonino y la directiva para conseguir el dinero. Todo un logro. Para celebrar y formalizar el acuerdo, el Instituto se presentaría en sociedad en la sede del Banco Popular de la calle José Ortega y Gasset, en Madrid, unos días antes de Navidad. Lo curioso es que no sólo Tonino y algunos miembros de la directiva darían un speech, si no que querían que las empresas que formaban parte de la primera promoción también lo hiciéramos. Obviamente y pese a lo ambiguo de la situación, querían que PEVYPE estuviese presente, pues éramos su particular esperanza blanca.

Dar una charla en la sede central del Popular ante casi 300 personas a muchos les hubiera supuesto un tormento acompañado de gastroenteritis crónica. No era mi caso. Como ya os comenté en la parte I del libro, me encontraba cómodo dando este tipo de charlas o discursos. Algunos lo achacaron a que yo era periodista, aunque tampoco os creáis que en la carrera nos enseñaron a hablar en público. Más que un marrón, para mí era una oportunidad. Oportunidad de compartir cosas que mi entorno no entendía, oportunidad de mostrarme ante la gente y por supuesto, oportunidad de ganar nuevos clientes y generar sinergias positivas.

Ataviado con una americana y con una cara de todo menos de empresario, me gané al público del Popular. No sé si lo hice de manera brillante o si, por el contrario, destaqué gracias a la mediocridad de discurso del resto de empresas del Instituto. Que me dejaran el último puede ser una pista. Recibí multitud de halagos para los que no estaba preparado. Varias personas se interesaron por mis servicios y vi orgullo y sentimiento de pertenencia en el equipo de PEVYPE. Todo esto me reconfortó indudablemente, pero hubo un detalle inesperado aquella noche que puso la guinda al pastel. Pese a que Tonino no les tragaba, invitó a miembros de AJE (recordad, la Asociación de Jóvenes Empresarios) a la gala. Y sí, ahí estaba el señor Pemau, que debió alucinar pepinillos cuando vio que el chaval aquel al que había tratado como una mierda en los inicios del local de Colegiata se subía al escenario y daba un discurso. Debió ser tal su vergüenza que en el cóctel posterior evitó encontrarse conmigo. Podía haberle dicho muchas cosas, pero él y yo éramos conscientes de que la última frase de mi ponencia tenía, entre otros muchos, un claro destinatario: "Gracias especialmente a aquellos que nos han intentado poner la zancadilla porque nos hacen más fuertes".

31 CAMBIO DE AÑO

Un emprendedor no es ajeno a los deseos y promesas del cambio de año. No nos proponemos ir al gimnasio, independizarnos o viajar a Tailandia, pero sí que elaboramos la típica larga lista de cosas que deberíamos cambiar en nuestras empresas y en los hábitos laborales del día a día. A veces, viene bien que algo te obligue sí o sí a hacer un punto de inflexión en el rumbo marcado. Por entonces, mi principal problema seguía siendo el exceso de lastre que PEVYPE tenía en capital humano. Éramos demasiados para el nivel de trabajo existente, así que o buscábamos clientes a saco, o seguiría un buen tiempo sin ver un duro.

A lo mejor, si 2014 hubiera empezado de un modo regulero, podría haberme propuesto reducir el equipo, pero lo cierto es que la publicidad del evento en el Banco Popular nos empezó a generar clientes y sobre todo cobertura mediática. En apenas unos meses aparecimos en El Mundo, Telemadrid, la Agencia EFE, Radio Nacional de España y una multitud de diarios y medios pertenecientes al mundo digital. Desde luego aquello resultaba abrumador, pues ni de coña lo que hacíamos era para salir en aquellos reportajes ni para ser ejemplo de nada. En mi caso, atribuí aquella avalancha al efecto cascada que provocaba el: "ah, pues es que os vi en Telemadrid y os he llamado". Simplemente eso, que el redactor o redactora de turno pasaba de indagar demasiado y reutilizaba contenidos de otros. Aquello fue el factor clave para que mi careto saliera en el centro de la doble página que el diario El Mundo dedicó a "los herederos de Mark Zuckerberg" (así lo titularon). Que sí, que sí, que fui uno de los 5 seleccionados para salir en aquel repor junto a gente tan ilustre como Javier Aranda (dos estrellas Michelín) o María Fanjul (fundadora de entradas.com y ahora, máxima responsable de la rama digital de Inditex). Ahí es nada. Teníamos en común el ser menores de treinta y haber montado una empresa, porque por lo demás...

Recuerdo que nos llevaron en taxi a la Terminal Ejecutiva del aeropuerto de Barajas para la sesión de fotos que ilustrarían el reportaje. La verdad es que nunca supe muy bien por qué, pues mi foto encima de un montón de papeles hablando por teléfono podía pertenecer a cualquier rincón del planeta. El taxi de vuelta nos dejó en la sede de Unidad Editorial (editora de El Mundo, Marca, Expansión; entre otras), bastante lejos del centro de Madrid. Fue el bueno del chef Aranda quien se ofreció a acercarnos con su coche además de invitarnos a unas cervezas y un pincho de tortilla en su restaurante, La Cabra. Aquel año, Aranda ganó su primera estrella Michelín a la edad de 27. Todo un genio al que hace mucho tiempo que no visito.

Salir en los medios tiene multitud de cosas buenas, pero una mala por encima de todo: que la gente se piensa que vas camino de ser Bill Gates. Porque claro, al redactor no le vas a contar que ahora mismo no ves un duro. Además, aunque lo hicieras, no permitiría que la verdad manchara su cuento de hadas de emprendimiento a 5 columnas. Esto provocó que, gente de la que hace mucho tiempo que no sabía, me escribiera o me llamara para curiosear. O lo que es peor, para pedirme trabajo. Hace ya varias decenas de páginas que os hablé del interés y de sus formas de manifestarse. El año 2014 tuvo el honor de presentarnos. Sirva esta pequeña reflexión para que seamos críticos con lo que vemos en la TV o leemos en Internet. No nos creamos todo, pues una información, sin llegar a ser mentira, puede ser una burda manipulación o simplemente una noticia hecha a la carta para conseguir un objetivo concreto. Aunque ya que estamos dándole al coco, dejadme que os lance una pregunta: ¿quién vendió más humo en aquellos reportajes: el periodista o el personaje protagonista de los mismos? ¿Estuvo bien aceptar salir en los medios a que te comparasen con Zuckerberg cuando no veías ni un euro de tu negocio? Responded vosotros. Yo os dejo con un fragmento de lo que mejor se me daba hacer en aquellos saraos: darle al pico, decir que no tenía padrino y colar reivindicaciones a la más mínima de cambio. En definitiva, mis armas o puntos fuertes por aquel entonces.

«Para llegar a CEO antes de los 30 hay dos caminos: venir de una familia influyente, con dinero o contactos, o ser alguien normalito, pero con ilusión, creatividad y fe en lo que hace. En un par de años, el segundo se acaba comiendo al primero», dice Escobar, que no considera que la edad sea, en ningún caso, un impedimento para ser jefe. «Un mal jefe puede tener 24 años, pero también 50. El primero peca de inexperiencia y el segundo de soberbia».

Ser humilde, escuchar a los demás («aunque a veces cueste») e intentar cohesionar el grupo «como si de una familia se tratara» son los ingredientes para sacar adelante una empresa, en opinión de este joven periodista. Escobar no esconde su crítica al sistema de emprendimiento español. «En este país no vemos más allá de la fachada», critica.

Pese a vendernos como una empresa imberbe súper chula, moderna y con todo ese imaginario de Silicon Valley, lo cierto es que seguíamos en la pecera del Instituto de Nuevas Empresas y encima pasando frío. Nuestro aire acondicionado estropeado no ejercía de bomba de calor, por lo que nos afanábamos en conseguir un buen sitio alrededor de los tres o cuatro radiadores eléctricos de aceite de los que disponíamos. Si estás empezando, económicamente ésta es una opción de mierda para calentarte, pero en mi caso recordad que estaba a gastos pagados. Tras el evento del Popular, Tonino había sumado aire a su ya de por sí inflado pecho, por lo que el dinero que pudiéramos gastarnos en calefacción se la traía al fresco. Nunca mejor dicho.

Los inicios del 2014 sirvieron para oficializar en un contrato hiper extenso y complejo la relación de Pevypc con el Instituto. Todo parecía ir en orden hasta que el día de la firma me pidieron, de nuevo, un favor. Esta vez ya no bastaba con fingir que mi empresa formaba parte de sus programas de emprendimiento, querían que lo reflejase por escrito y con una contraprestación económica. El señor entrado en años, que como de costumbre acompañaba a Tonino, explicó la situación: "Todos los meses te vamos a emitir una factura de 4.000€ por los servicios del Instituto, pero tranquilo que tú vas a seguir sin pagar, como te prometimos. Tan solo lo que tienes que hacer es añadir 4.000€ más a la factura que tú nos emites a nosotros al mes. De este modo, ni tú pagas ni nosotros pagamos más". Aquel tejemaneje, a priori sencillo, me acabaría costando a la larga varios dolores de cabeza. Pero no, no os avanzaré detalles (de momento).

La maniobra contable que había elaborado el señor entrado en años tenía un claro objetivo: aumentar la facturación del Instituto para parecer más fuerte y conseguir los respetos del Banco Popular. Dejadme hacer un pequeño inciso para aclarar el concepto facturación. Facturar es la contraprestación económica que uno recibe por la venta de sus servicios o productos. Pero no nos engañemos, una empresa puede facturar una barbaridad y estar en la mierda. Esto es tan sencillo como tener unos gastos elevados. Si para facturar 10.000€ me he tenido que gastar el doble, entonces mal asunto. Con mi contrato el Instituto aumentaba su facturación anual en 4.000€ x 12 meses, es decir, 48.000€; pero el beneficio de aquello era 0. Lo dicho, una manera de parecer más fuertes tras una cortina de humo. Y yo, que como ya os dije soy agradecido hasta la médula, acepté. ¿Qué daño podría hacerme aquello? Simplemente quise pensar que les hacía un favor.

El año avanzaba deprisa, desde luego mucho más rápido que nuestra cartera de clientes. Había productoras a patadas y yo tenía un gran problema: no controlaba del tema. Lo mío era el periodismo y aún veía al mundo audiovisual como un gran desconocido. Difícilmente podía hacer crecer el negocio por aquella rama y más teniendo en cuenta que la persona responsable de aquel área (el colega de mi ex amigo Roberto) se limitaba a hacer su trabajo y ya. Aprovechando que mi ex novia dejó Pevype y que algún becario buscó nuevas aventuras tras la finalización de su contrato, me permití el lujo de fichar a una nueva persona para que espabilara y trajera bríos nuevos al departamento audiovisual. Así llegó Karim a nuestras vidas, acompañado de su novia. Sí, sí, dejadme que os explique. Me propuso compartir el sueldo con su chica. Uno vendría de mañana y el otro de tarde, y me aseguró que ella tenía sus mismas capacidades. Con el tiempo descubrí que no era así, pero por entonces acepté. Le abría la puerta a cualquiera que viniera con un poquito de ilusión. Un error a todas luces que a día de hoy considero intolerable. Al menos conseguí uno de mis objetivos: despertar del letargo nuestra rama audiovisual.

Karim trajo nuevas ideas que despertaron el recelo del colega de mi ex amigo Roberto. Lejos de ponerse las pilas comenzó a bajar su rendimiento y a mostrar una actitud de hastío insoportable. Todo le venía mal y además se quejó de que cobraba poco. Él no tenía ni idea de que yo no tenía ni sueldo, pero estaba en su derecho. Sin descubrir mi secreto, le dije que no era posible una subida y traté de implicarle en el crecimiento de la empresa. Si crece Pevype, creces tú y crece tu sueldo, así que por favor ayúdame con esto. Mi discurso fue, obviamente, mucho más largo y nutritivo para sus oídos, pero con el paso de los días me di cuenta de que cayó en saco roto. Aquel chico se había sentenciado a sí mismo, aunque buena culpa la tenía yo. Si hubiera sido un mejor líder y sobre todo, si hubiera estado igual de implicado en el audiovisual que en el campo periodístico, el resultado posiblemente hubiera sido otro. O no. Aquello ya formaba parte del pasado.

32 EVAN, CONTIGO EMPEZÓ TODO

Como ya os adelanté a Tonino se le estaba yendo la pelota por completo. Estaba arribísima y planeó a saber con quién una batería de eventos costosos de lo lindo que nosotros debíamos hacer realidad. La pobre Hannah (recordad, la persona de mi equipo que hacía de nexo con el Instituto) no daba a basto y yo asistía perplejo y con estupor a cómo los servicios pactados en el contrato se estaban yendo de madre. Era tal nuestro nivel de implicación que muchos de los amigotes de Tonino nos hacían ya parte del Instituto. "Que no, joder, que el Instituto era un cliente, no nuestro jefe". No sé cuántas veces tuve que repetir este mantra en 2014 para defender mi parcela. Sabía que se estaban pasando de la raya, pero quería, primero, responder profesionalmente y con éxito, para luego exigir un aumento de la cuantía a reflejar en las facturas mensuales.

Y lo hicimos, claro que lo hicimos. Como siempre, cumplíamos con nota cada vez que nos ponían a prueba. Incluso descubrí mis dotes como presentador de eventos. Fue el señor entrado en años quien en una mañana de iluminación propuso que yo fuera el conductor y 'showman'. A mí, que me gusta el micro y la improvisación más que a un tonto un lápiz, acepté. Lo primero que preparamos fue un concurso de dos días en los que el Instituto seleccionaría las empresas que entrarían a formar parte de su nuevo programa de formación y aceleración. Querían agrandar la familia de empresas incipientes por lo que no dudaron en mudarse (mudarnos) a un edificio de 3 plantas cercano a la Plaza de Chamberí. Tenía hasta piscina, al más puro estilo Americano, e incluso las malas lenguas del lugar hablaban de que allí había vivido Karembeu en los años que estuvo de futbolista en el Real Madrid. La verdad es que el lugar era una pasada. Cada vez que recibíamos una visita en la productora y teníamos reuniones junto a la piscina, la gente debía de flipar. Pero no nos engañemos, éramos los mismos que hacía unos meses, pero con una piscina común y un suelo de madera tropical.

Ante este panorama oficinil y con el cebo de la financiación del Popular, fueron muchas las empresas que se presentaron al primero de los concursos de selección de emprendedores (hubo dos aquel año). Había de todo: un andaluz que hacía robots para el ejército, un jovencito con acné obsesionado con el bitcoin que aseguraba superar a Paypal en facturación en unos años, una chica que había creado una especie de red social de moda, un valenciano espabilado con un comparador de talleres de coche y un par de jóvenes apuestos con paquetes de turismo y ocio, entre otros. Una locura vaya, pero al fin y al cabo un crisol de emprendedores con diferentes historias y comportamientos que no hicieron más que enriquecernos empresarialmente. Aquellos meses vi de todo y vi también el funcionamiento real del Instituto. ¿De dónde pensaban sacar la pasta para su negocio?

El modus operandi del Instituto era algo así como una lotería. A cambio de ayuda, formación y de albergar a las nuevas empresas en sus instalaciones, firmaban un documento en el que adquirían un tanto por ciento de la compañía (paquete de acciones o participaciones), normalmente un 10%. Su esperanza era que aquellas empresas imberbes crecieran una barbaridad para poder vender ese porcentaje por un precio mucho más elevado de lo que costó en su día. Pero claro, ni todas las empresas son Facebook, ni la formación y orientación del Instituto ayudaba demasiado a obrar el milagro. Obsesionados con la búsqueda del dorado, Tonino y la directiva del Instituto tiraron la casa por la ventana para aumentar el nivel de formaciones con una persona totalmente fuera de su círculo. El tipo se vendía como un gurú del emprendimiento y se autoproclamaba como uno de los fundadores de Twitter. Evan, se llamaba. Su look era similar al de Pablo Iglesias, pero con un rollo texano, gafas y algunos kilitos más. Acompañado por su inconfundible voz y un par de ayudantes llegó al Instituto. La comitiva de directiva le fue guiando por el edificio y pronto llegó a nuestros aposentos. Me levanté para saludarle y contarle un poco qué era Pevype. Pues bien, lo único que se le ocurrió al amigo fue decirme que trabajando con solo una pantalla mi productividad sería baja. Le dije que para mandar mails y trabajo de oficina no era necesario y le indiqué cómo los chicos del departamento audiovisual sí que disponían de doble pantalla. Y sí, sin más palabras, siguió su ruta por las instalaciones pensando a saber qué sobre mí.

Según fui coincidiendo más con Evan me pareció un vendehúmos profesional. ¿Habría encontrado Tonino a la horma de su zapato? Él y su comitiva iban a dar unas formaciones durante el fin de semana, pero de lunes a viernes supongo que se lo comieron y bebieron todo por Madrid. Empecé a calcular la magnitud de sus honorarios cuando vi que el Instituto había cifrado en 500€ la asistencia a la charla con enseñanzas de Evan. Telita. A mí como era costumbre me la ofrecieron gratuitamente a cambio de un vídeo de la jornada. Acepté, pues la curiosidad de qué podría enseñarnos un fundador de Twitter era irresistible. Sin embargo, mis primeras impresiones comenzaron a despejarse un día antes. La publicidad a bombo y platillo que había hecho el Instituto con el fichaje de Evan funcionó, copando un montón de páginas y líneas en las secciones de emprendimiento de diferentes medios de comunicación. Hasta ahí bien, pero algo estaba a punto de ocurrir. Resulta que desde Twitter España llamaron al Instituto cabreadísimos diciendo que ese señor no había formado parte de Twitter en su vida. Lo peor es que era cierto. Evan no estaba de acuerdo pero podía decir misa. Al parecer, formó parte de una empresa previa a Twitter pero que no tenía apenas nada que ver con lo que se convirtió la famosa red social. Antes de dicha conversión a Twitter, Evan vendió sus acciones por 6000$ y decidió exprimir el limón de su vasto error vistiéndose de fundador. Lo dicho, un cantamañanas.

Aquel sábado aguanté la chapa de Evan hasta poco antes de la hora de comer. Éramos tantos que se limitó a hacernos dibujar un canvas (esquema a modo de resumen de plan de empresa) en un papel de tamaño A3 para que nosotros mismos analizásemos a nuestras empresas y viéramos errores, oportunidades, amenazas, etc. Eso y decirnos que, en el caso de que nos fuera mal, teníamos que practicar el método 'lean'. Vaya, lo que os dije yo unos capítulos antes sobre pivotar y tal. Ante tal panorama decidí alargar la sobremesa de la comida con mi abuelo y mi hermana. Desde el Instituto me llamaron insistentes para que volviera a la formación, pero decidí inventarme una excusa blanca de la que ya ni me acuerdo. Preferí luego irme con mi abuelo a su casa a echarnos una siesta. Aquella comida fue la última que pude disfrutar con él, pues ya andaba bastante pachucho. Estaba claro que elegí la opción correcta.

A la noche volví al Instituto. No por Evan, sino porque habían organizado unas paellas de despedida en la piscina. Me echaron un poco la bronca desde la directiva, pero hice oídos sordos mientras degustaba los balines de arroz con verduras, pues Evan era vegetariano y había pedido por favor que la paella fuese sin carne, marisco y esas cosas que llevan las paellas. Ni la cena hizo que merecieran la pena los 500€ que pagaron los asistentes. El murmullo y runrún de estafa recorría el ambiente en aquella calida noche de verano y Tonino, que de tonto no tenía un pelo, decidió tomarse la venganza por su mano. Semanas más tarde me enteré de que Evan y los suyos llamaban insistentemente al Instituto reclamando el pago de sus servicios. Me caí de culo cuando me enteré de la cifra, pero más aún cuando vi la reacción de Tonino al impago. En un grado de 0 a 10 de nivel de preocupación, lo fijaría en -2. El Instituto no tenía la intención de pagar a aquella gente y yo me desentendí del tema. Aquel día y por primera vez vi al hombre que describían los foros de impagados que circulaban por Internet. Aquel día algo en Tonino hizo click. Nunca volvió a ser el mismo. ¿Me pasaría factura?

33 MADURAR DE GOLPE

El otoño llegó a Pevype con una pequeña hogaza de pan bajo el brazo. Si recordáis, en mi lista de tareas pendientes se encontraba la de pedir una subida en la factura mensual por los servicios que prestábamos al Instituto. Así lo hice y, no sin problemas, lo conseguí. El acuerdo, de nuevo verbal, se refrendó durante los meses de verano. Las muecas de Tonino al escuchar mis exigencias supusieron un duro escollo a salvar, pero él mismo sabía que nos necesitaba. Ahora más que nunca. Por ello decidió aceptar. Sin embargo, y como bien dice el refrán, poco duraría la alegría en la casa del pobre. El mes de octubre iba a cambiar mi vida por completo.

Tras una campaña de publi y contenido audiovisual extraordinaria durante el verano, aquel 13 de octubre comenzaba la nueva temporada de cursos de periodismo Pevype. Nunca antes me había resultado tan fácil colgar el cartel de 'plazas agotadas'. La convocatoria fue tan bien que incluso teníamos un par de reservas para próximas fechas. Horas antes del pistoletazo de salida recibí una llamada al móvil. Era mi padre para contarme que mi abuelo se moría. Cerré el ordenador y salí corriendo hacia la parada de metro de Rubén Darío. Apenas dos estaciones me separaban del

Hospital de la Princesa, por lo que fui el único familiar, además de mis padres, que pudo verle sin sedar y postrado en la cama. Mi abuelo respiraba con dificultad aunque la entereza que mostraba era digna de admiración. Perfectamente consciente de que le quedaba poco, me dijo: "Que ya me voy. Ya me voy". La garganta se me volvió de piedra y no supe ni qué decir. Tras un par de minutos perplejo e inmóvil salí a la puerta del hospital y me desahogué. Nunca antes había vivido la muerte de un ser querido. Desde que tienes uso de razón eres consciente de que tarde o temprano va a ocurrir, pero nadie está preparado para el golpe. Día y medio después, mi abuelo falleció. Allí, en un box de urgencias de La Princesa, arropado por toda su familia. Mi madre y yo fuimos los últimos en salir. Ya no había nada que hacer, pero aquellos minutos mirando a la muerte de frente, en silencio, cambiaron mi forma de verla y entenderla para siempre.

Al día siguiente volví al trabajo, principalmente porque me tocaba dar una de las clases del curso. Mis compañeros y la gente del Instituto me dieron el pésame y todas esas cosas que se hacen cuando alguien de tu entorno fallece. No os engañaré, estaba flojete de ánimos, aunque ninguno de los alumnos del curso pareció notarlo, o al menos esa fue mi percepción. Lo que sí que es cierto es que no estaba preparado para recibir el segundo mazazo de la semana. El Instituto llevaba varias semanas de retraso en el pago de la factura de septiembre y eso a mí me suponía un problemón. Cuando de un cliente depende el 90% de tus ingresos y este incurre en impagos, estás bien jodido. Con el recuerdo en la memoria de lo que le había pasado a Evan subí al despacho de Tonino. Me dijo que el impago no solo me afectaba a mí sino a todos los proveedores y trabajadores del Instituto. Sencillamente se había quedado sin fondos y no sabía cuándo iba a solucionarse el problema. Apuntó a que era una situación excepcional aunque tenía poco de cortoplacista. ¿Cómo un empresario experimentado que vivía a todo tren podía encontrarse en aquella situación?

Mi reacción fue inmediata. No podía fiarme de la palabra de Tonino conociendo su historial de impagos y tenía claro que por encima de todo no quería endeudarme con mi equipo. Tras meditarlo con la almohada y los duros asientos del metro, reuní a todos al día siguiente para comunicarles que dejaba de contar con la mitad de ellos. Una situación tan límite requería una medida drástica como aquella. Les expliqué que me daba la impresión de que Tonino no estaba por la labor de pagarnos ni una factura más, lo que hacía que no pudiera garantizar sus salarios. Aquella tarde me dio la impresión de que me entendieron, que comprendieron que lo hacía por el bien de todos. Sin embargo, el tiempo se encargó de demostrarme lo contrario, pues ese fue el último día que volví a ver a la gran mayoría de ellos.

Como todo en la vida, la situación de impago tuvo una cara positiva. Hacía tiempo que sobraba gente en Pevype y aquello me lo puso en bandeja. Me hubiera gustado que esto acabase de otra manera, pero aquel guion no estaba siendo escrito por mí, si no por las circunstancias del señor de la planta noble. Aquel hombre, cual estratega veterano, había decidido iniciar la guerra posiblemente en mi momento anímico más bajo desde que le conocía. Desde luego jugó muy bien sus cartas, pero os puedo asegurar que quedarnos tres trabajadores y un becario en Pevype no le gustó ni un pelo. Tonino lo quería todo: no pagar, pero que sus sueños de grandeza fuesen satisfechos hasta el último día de nuestro contrato en 2014. Y razón no le faltaba. Él era quien tenía el toro por los cuernos, pues si hubiese abandonado y roto el contrato, primero me hubiese olvidado de percibir el dinero que me debía y segundo me hubiese jugado una demanda por incumplimiento de contrato. ¿Qué podía hacer?

Recordando mis habilidades matoniles de principiante con Aníbal (recordad, el señor que compartía local conmigo en los inicios de Colegiata) inicié la Guerra Fría con Tonino. Lo primero que hice fue intentar recabar apoyos dentro del Instituto, pero ni los trabajadores ni los pocos proveedores a los que tuve acceso estaban por la labor de enfrentarse al moroso. Al principio no entendía nada, pero con los días lo fui entendiendo todo. Tonino era un experto en rodearse de personas a priori manejables, a las que prometía grandeza, trabajo y salario y a las que podía chantajear fácilmente. Al principio las empezaba pagando y luego, como pretendía hacer con Pevype, de vez en cuando les iba soltando algo para asegurarse un mayor nivel de dependencia y subsistencia. Era tal el abuso psicológico al que sometía a aquellas personas que muchas de ellas tenían auténtico pavor a hacerle frente. Y esto no me lo estoy inventando. Lo constaté. Viví en directo un ataque de ansiedad con una de sus personas proveedoras que se derrumbó cuando hurgué en la herida. Me habló de que Tonino le debía una cifra cercana a los 100.000€ y que si se unía a mí y se plantaba puede que no viese jamás ese dinero. Otros me dijeron que si hacían algo era para darle una paliza, que no podían más. Normalmente estos eran los más débiles. A estas personas no solo les debían dinero si no que tenían que soportar unas faltas de respeto brutales típicas de los campos de algodón del sur de Estados Unidos en la época esclavista. El panorama no sé si era más desolador que aterrador o viceversa. pero si decidía hacer algo iba a ser por mi cuenta y riesgo.

Dicen que atrevimiento e ignorancia, a veces, van de la mano. Y sí, quizás fue eso lo que me animó aquella mañana a poner una bomba de relojería sobre la mesa de la directiva del Instituto. Por aquel entonces nos encontrábamos sumergidos en el último de los eventos que Tonino tenía planeados para 2014: una gala de premios de emprendimiento (o *awards* como le gustaba decir) en la sede del Banco Popular unos días antes de Navidad. Sí, otra vez. Sin Pevype, la supervivencia de aquel evento sería una quimera, así que ataqué donde más le dolía. Le dije que con tres personas no seríamos capaces de sacar adelante la gala, que sería un churro. Que o nos pagaba todo lo que nos debía o su sueño húmedo de los premios de emprendimiento podía esfumarse de un plumazo. La cara que puso fue de poema endecasílabo. Sin embargo, obvió acompañar de palabras aquellos gestos tan elocuentes. No le hacía falta. Se estaba acordando de todos mis muertos con elegancia y sigilo.

A la semana, Tonino convocó una reunión con trabajadores y proveedores del Instituto para hablar del tema de los impagos. Dijo que estaba haciendo todo lo que podía, que pronto lo iba a solucionar todo y que para muestra de buena fe, iba a pagar una mensualidad a todo el mundo. Obviamente, celebré mi conquista al igual que lo hicieron los cobardes y achantados, aunque sospechaba que el movimiento de fichas de mi adversario iba a ser el último en cuanto a soltar pasta. De tonto, no tenía un pelo. Había mostrado su "buena fe", como así lo aseguraban el resto de miembros de la directiva, y ahora yo no podía fallarle. Pero oye, algo había conseguido: entrar en el mes de diciembre habiendo cumplido con todos mis trabajadores. Estaba a 0 de deudas aunque me seguían debiendo 2 meses y medio y para mí seguía sin haber nada.

Aquella época fue muy dura, pero creo que me sirvió para madurar de golpe como empresario. Me puse las pilas en el tema audiovisual, lo que me llevó a dominar campos en apenas unas semanas que nunca hubiera podido imaginar. Busqué y encontré clientes como nunca antes y comencé a planificar el 2015 fuera del Instituto. Mientras tanto, Tonino se dedicaba a hacernos la vida imposible. A mí directamente ni me dirigía la palabra, pero ojalá eso hubiera sido lo peor. En un acto de despecho nos echó del lugar que ocupábamos en el edificio de la piscina para meternos en un cubículo de diez metros cuadrados, oscuro y en el que apenas disponíamos de conexión a Internet. Mi respuesta no se hizo esperar y comencé a buscar entre los emprendedores que se alojaban en el Instituto, compañeros para compartir oficina de cara al año próximo. Me enteré del precio que les ponía Tonino a sus espacios de coworking y le bajé unos euros. Ríete tú de la Crisis de los Misiles de Cuba.

Con este clima de tensión y sin percibir ni un euro más, llegamos al último evento del año. Aquella noche mi relación con el Instituto sería historia, pero aún me quedaba por pasar un trago amargo. Como recordaréis, me había convertido en el presentador habitual de eventos de aquel lugar. Un buen profesional tenía que cumplir hasta el final, aunque Tonino quería evitar que fuese yo a toda costa. No se fiaba de que se la fuera a liar delante de tantísimas personas, de que fuera a contar la verdad: que era un estafador y que nos debía dinero a todos. Y la verdad es que no sé quién lo pasó peor, si él con el miedo a la incertidumbre o si yo teniendo que defender los valores de una institución que me hacía la vida imposible. En todo momento recalqué a mi equipo la necesidad de ser profesionales, de acabar con la cabeza alta y de hacerlo lo mejor que sabíamos. Ahora bien, os mentiría si os dijera que no preparamos alguna jugadita leve para joder a Tonino. Sin decir ni una palabra y ya sin margen de maniobra cambiamos la iluminación, la disposición de las pantallas y alguna que otra tontuna que nadie notaría salvo él. ¡Cómo tuvo que ponerse!

El evento salió impecable, como siempre, por lo que durante el catering de después recibimos las pertinentes felicitaciones menos la de Tonino, claro está. Acabé con un nudo en el estómago brutal por traicionarme a mí mismo, pero en el fondo sabía que había hecho lo correcto. Mi contrato con el Instituto había acabado y ya era libre de hacer lo que me diera la gana, así que a ciertas personas de la directiva e incluso del Banco Popular con las que tenía confianza, les conté lo que pasaba. No daban crédito a lo que oían y me transmitieron su pesar. Y sí, fue quizás pena, aflicción, mi sentimiento mayoritario aquella noche. Lo que en su día comenzó con un giro de guion inesperado en mi carrera emprendedora, había acabado con otro de mal gusto. El único consuelo que me quedaba era no poder reprocharme nada y la experiencia adquirida. Había que estar muy orgulloso de Pevype, de mi equipo y, qué narices, de mí mismo.

De repente, y en mitad de mis cavilaciones, vi a lo lejos al periodista Juan Ramón Lucas. Por entonces, presentaba el programa matinal de Radio Nacional de España y lo hacía desde la época en la que yo estuve de becario en esa casa. Había sido invitado a la gala como acompañante de su mujer, galardonada con uno de los premios. Agarré mi copa y le saludé. Le dije que había trabajado con Mavi Aldana por la noche en Radio 5. El tío enseguida me reconoció y soltó un: "¡anda, ya decía yo que me sonaba tu voz!" Por aquellos tiempos, mi jefa me decía que Juan Ramón escuchaba el programa y que le gustaba cómo lo hacía. Siempre pensé que me lo decía sólo para motivarme, pero resultó ser cierto. Aquella anécdota fue la mejor de una noche que cerró para siempre una etapa de mi vida para dar la bienvenida a otra peor. El tormento acababa de empezar.

34 AMENAZAS MOROSAS

El día 26 de diciembre me mudé del Instituto a mi nueva oficina. El plan era recoger y empacar todo por la mañana para ya por la tarde y con ayuda de amigos y gente del equipo, llevar todos los bártulos a la nueva sede. Aquellos instantes los quería para mí, para reflexionar solo. Mientras abría y rellenaba cajas repasaba mental y tranquilamente lo que había pasado a convertirse en una página más del libro de mi vida. Porque sí, al fin y al cabo emprender es un modo de vida, de vivir. Intenté apartar de mi cabeza los impagos. Sabía que algo tenía que hacer, pero había decidido posponerlo a 2015. La Guerra Fría me había desgastado.

A media mañana, lo que había previsto como un día tranquilo se convirtió en una carrera de obstáculos. Iñaki, reciente fichaje de Tonino para llevar los temas financieros del Instituto vino a visitarme al cubículo. Cual recadero obediente me comentó que el recinto cerraría a las 14.00, que así lo había decidido Tonino y que ya no abriría hasta el 2 de enero. ¿Cómo? Perplejo, exigí explicaciones a mi nuevo interlocutor, pero él se limitó a decirme que eran órdenes de arriba. Ni me iban a dejar mudarme en paz. Pero aquello no fue lo que más me molestó. Para justificar el cierre, Iñaki me comentó que alguien había intentado robar el día de Navidad y que sospechaban de mí. ¿Qué cojones? ¿En qué momento alguien había decidido convertirme en el Lute? Mostrando mi rechazo y de malas formas empecé a sacar mis pertenencias a la calle. Sí, a la calle. Iñaki cerró con llave y ahí me quedé yo, esperando a que mi padre viniera con el coche y ver cómo nos las apañábamos para completar la mudanza.

Estaba furioso. Con todo lo que Pevype había hecho por el Instituto, era deleznable el trato que nos estaban dando. En caliente, subí un post a Facebook que ilustré con una fotografía de la fachada del Instituto llena de mis bártulos relatando lo que había ocurrido aquella mañana. Todos los emprendedores que se albergaban allí me seguían y sabía que la repercusión sería alta. Y desde luego que lo fue. Apenas 48 horas más tarde, el miembro de la ejecutiva del Instituto más cercano a Pevype me llamó. Me dijo que Tonino había entrado en cólera, que ya lo sabía un montón de gente y que por favor borrara el post si quería acabar con un acuerdo amistoso. Repliqué a aquel hombre de apellido del Este con el mismo trato que había recibido aquel día 26 y le dije que ya estaba harto de aguantar. Que me debían tres meses y medio de facturas y que les iba a denunciar si no me pagaban. La respuesta que me dio no se me olvidará jamás: "Tú sabrás lo que haces, pero ahí fuera, en ese mundo, hace mucho frío y ya sabes quién es Tonino". Me quedé perplejo. Al parecer se estaba rodando una escena de El Padrino y nadie me había avisado.

El montante total que me dejó a deber el Instituto rondaba los 18.000€. No era moco de pavo y mucho menos para una micropyme como era Pevype. Para empresas tan pequeñas, una deuda así puede desembocar fácilmente en el cierre del negocio. Ya no es solo el tiempo que puedes tardar en recuperarlo, sino el dinero que tienes que dejarte en el eterno sistema judicial para reclamarlo. ¿Qué abogado podría permitirme sin un duro y que me diese unas mínimas garantías? Desde luego era preferible intentar primero llegar a un acuerdo con la parte deudora. Aquel enero de 2015 volví al Instituto dos veces, las dos para tratar el tema de la deuda y tras intercambiar varios correos en los que Iñaki, mi nuevo interlocutor, aseguraba no entender nada.

La primera de las veces, Iñaki me dijo que el Instituto reconocía una deuda conmigo de unos 4.000€. ¿Perdón, 4.000?. ¿De dónde narices habían sacado esa cifra? Aquello me encrespó y fortaleció mi postura beligerante. No iba a admitir migajas ni el vacile de aquellos señores. Le dejé claro a Iñaki lo que se me debía, le entregué mis números y mi contabilidad y le emplacé para vernos la semana siguiente. Salí de allí consciente de que la cosa se ponía fea, pero no me podía imaginar el pastel que me esperaba en mi segundo y último encuentro.

Iñaki volvió a recibirme solo, sin Tonino. "Menudo cobarde", pensé. Tardé poco en cambiar el adjetivo cuando el contable me expuso la nueva situación. Con toda su cara y totalmente convencido de lo que exponía, Iñaki aseguró que, revisando toda la contabilidad, era yo quien le debía un total de 13.000€ al Instituto por servicios no prestados. Hay que dar gracias de que no somos Estados Unidos y que está prohibida la tenencia de armas, porque aquello era para entrar armado en ese sitio y ponerlo todo patas arriba. Imaginad mi sensación de impotencia y frustración ante tamaño atrevimiento. El discurso que le solté a Iñaki duró unos 5 minutos y os puedo asegurar que le acabó afectando. Le dije que Tonino era un estafador, que aquella contabilidad que le habían pasado era falsa y que dudase de todo lo que le había prometido el Instituto. Que no había dinero, que el Banco Popular, al corriente de la situación de impagos, iba a dar un paso al lado más pronto que tarde y que él iba a salir de allí impagado, como todos, y con la ilusión por los suelos. Juraría que los ojos de mi interlocutor comenzaron a brillar. ¿Acaso tendría sospechas que yo le estaba confirmando? Salí de allí jurando que les iba a llevar frente a la justicia y que se lo podía ir diciendo a todos. "Tú verás, pero los números son los que son. Vas a acabar perdiendo", me contestó. Otra amenaza más para la colección.

Antes de febrero, el Banco Popular canceló sus acuerdos de financiación con el Instituto. Es posible que la puntilla se la diera yo esa misma semana. Llamé a la oficina que les llevaba el dinero y le comenté a uno de los agentes lo que pasaba. Me llevaba bastante bien con aquel tipo y siempre había querido que me mudase y llevase allí mis ahorros. Quizás si hubiera sabido que eran inexistentes habría sido menos persuasivo. Que él no tuviera ni idea me ayudó. Al contarle la situación reaccionó como todos, con estupor y asegurando que iba a revisar aquello. Mi convicción era firme, quería que me pagaran lo que me debían, pero si eso no era posible quería al menos conseguir la victoria moral de cerrar aquel lugar. Nadie más merecía ser engañado y estafado por Tonino y el Instituto. Iríamos a juicio.

35 A VUELTAS CON EL SISTEMA JUDICIAL

Como os podréis imaginar, con 25 años mis conocimientos sobre justicia eran escasos. Pese a que en la carrera de periodismo nos fríen a asignaturas relacionadas con derecho, del dicho al hecho hay un trecho. Si el sistema educativo no te enseña a emprender, menos aún a defenderte en un caso de impago. Total, la justicia ya está saturada de por sí, como para que encima la gente sepa del tema y la colapse del todo. No interesa.

Empecé mi defensa buscando un abogado. Como apenas tenía dinero, intenté conseguir alguien que fuera a éxito, es decir, que viera claro el caso y aceptara cobrar cuando se ganara el pleito. Esas condiciones, que tan bien sonaban en mi cabeza, no parecían tener tal musicalidad para los letrados que iba contactando. Así que al final acabé con un chaval de apenas 30 años, de buena familia influyente, pero con escasa experiencia.

Conocí a Luis, mi abogado, el día después de que muriese mi abuela. La desgracia había vuelto a llamar a las puertas de la familia aquel febrero de 2015, aunque el palo anímico no fue tan gordo como en octubre del año anterior. Mi abuela llevaba tiempo con la cabeza en otra parte y ya ni nos conocía. Tras la muerte de mi abuelo (su marido) ingresó en una residencia y allí veía pasar las horas, acompañada de otros pocos como ella. Aquel lugar era un parking de personas que un día rebosaron vitalidad esperando pasar a mejor vida. Creo que no he conocido entorno más triste que aquel. De un plumazo, me quedé sin abuelos en un abrir y cerrar de ojos.

No todo fueron malas noticias durante los primeros compases de 2015. La nueva oficina estaba bastante guay y en un lugar no muy lejano al Instituto. Apenas nos separaban cien metros de la Glorieta de Bilbao y de la famosa plaza del 2 de mayo en Malasaña. Aquella ubicación también iba acompañada de un alquiler elevado, pero había acordado con los caseros poder subalquilar algunos despachos para obtener un precio accesible. El vecindario era de lo más variopinto: desde un periodista que saltó a la fama con 'El Informal', pasando por un director de teatro, un productor musical con algún que otro Grammy e incluso un señor que había sido Embajador de cierto país latinoamericano. Éramos como el patito feo del vecindario, pero a mí me la traía al fresco. Pero sin lugar a dudas, lo mejor que me pudo pasar fue adoptar a Ona, una gata exótica anaranjada con aspecto similar a Garfield. Siempre había querido tener una mascota, pero mis padres me lo negaron una y otra vez. Por eso, a la mínima que pude puse un animal en mi vida. No os podéis imaginar lo feliz que me hizo, que me sigue haciendo y todo lo que me ayudó para seguir adelante en momentos muy muy duros.

Pese a que mi prioridad era ir a juicio lo antes posible, no podía descuidar la búsqueda de clientes y nuevos proyectos en mi nueva etapa fuera del cascarón del Instituto. No sólo los gastos se habían incrementado con el alquiler, luz, Internet, etc, sino que además dejábamos de percibir el 90% de nuestra fuente de ingresos. Aunque bueno, a esto último ya nos habíamos venido acostumbrando. Para poder salir adelante los primeros meses y con la esperanza de poder devolverlo una vez ganara el juicio, tuve que pedir un préstamo de unos

10.000€ al banco. Como ya os comenté en la parte I del libro, no tuve demasiados problemas. Era el primero que pedía, tenía unas facturas por cobrar por casi el doble de valor, y la cuantía solicitada no superaba los 12.000€. Tenía muy claro que quería seguir adelante, buscarme la vida y demostrar a la gente del Instituto que sobreviviríamos sin ellos, sin el pufo que nos habían dejado y que aguantaríamos al menos hasta ganar el juicio.

En apenas unos días, mi abogado tuvo el primer encuentro con el abogado del Instituto. Pese a que habían acordado estar ellos dos solos, Tonino hizo caso omiso y se presentó con idea de achantar a Luis. Al parecer soltó perlas por su boca como: "no sabéis dónde os estáis metiendo", "a mí en los juzgados me ponen la alfombra roja", "no vais a ver ni un duro", etc, etc. Mi abogado debió de flipar bastante, a juzgar por cómo me lo contaba unas horas más tarde. Estaba acostumbrado a tratar con semejantes personajes, pero no se imaginaba la que estaba por venir. Aquel día trazamos nuestra estrategia.

Lo normal en casos de impagos es iniciar un proceso o procedimiento monitorio. Este mecanismo judicial está destinado para reclamar deudas de una manera rápida y evitar carga de trabajo a la vía judicial tradicional. Sin embargo y como bien apuntó Luis, un monitorio se la trae floja a un tipo como Tonino y cualquier estafador profesional similar. A alguien sin experiencia puede llegar a asustarle y llevarle a condonar la deuda, pero lo normal en estos casos era tener que acudir a la justicia ordinaria ante omisión a lo dictado en el monitorio. Así que pasamos de esta vía y nos fuimos directamente a denunciar al Juzgado de Primera Instancia. Pero antes, y según lo estipulado en los códigos abogaciles, había que mandar un burofax al demandado en plan último aviso: vamos a por ti, moroso.

Como era de esperar, al Instituto se la trajo floja el burofax, no sin replicar que, si queríamos guerra, la tendríamos. Ni guerra, ni niño muerto, lo que queríamos era nuestro dinero. Manda narices que encima se sintieran agraviados. Tocaba preparar la demanda a presentar y, para ello, lo primero era empezar a recolectar pruebas y testigos. No os podéis ni imaginar la de horas que me llevó esto. Decenas de mails, whatsapps y documentos que probaran que habíamos trabajado allí hasta el último día y que nos debían tres facturas y media. Pero había un gran problema: el contrato firmado entre las partes. ¿Os acordáis de la ambigüedad del mismo y de que os comenté que me acabaría trayendo problemas? Aquel documento era imposible de explicar a un juez sin volverle loco y teníamos claro que supondría un salvavidas a agarrarse para nuestros rivales. Por ello nos centramos en aclarar que existía una contraprestación mensual por unos servicios realizados y que, de pronto, se dejaron de pagar. Pero había dos problemas más: por un lado, el acuerdo verbal al que llegué con Tonino en verano que modificó la cuantía a percibir. ¿Cómo explicaríamos aquello sin un documento físico?; y por el otro, el chanchullo de las facturas infladas para que ellos justificaran facturación ante el Popular. Todo aquello enmarañaba y de qué manera nuestras probabilidades de éxito.

Si algo aprendí a lo largo del pleito es que en la justicia no gana el que tiene razón, ni siquiera el que tenga mejor abogado, sino aquel que le cuente una verdad más convincente al juez. Por mucho que lo que cuentes sea cierto, si al juez no le cuadra, no te va a creer. Por eso y como perros viejos que eran, la gente del Instituto se sacó un conejo de la chistera que dejó a Luis, mi abogado, con las ruedas para arriba. De pronto, el cobrar a éxito pasó a un segundo plano cuando vino a visitarme aquella tarde, acojonado. "Que nos han puesto una contrademanda", me soltó. ¿Cómo? ¿El Instituto nos demandaba a nosotros? ¿Por qué? ¿Con qué argumento? Agarraos queridos lectores. No contentos con defenderse de nuestras acusaciones, habían elaborado toda una estrategia de mentiras, contabilidad falsa y enredos para reclamarnos 13.000€ por servicios no prestados (lo que ya avanzó Iñaki). Aquella mentira como un templo achantó a mi abogado, quien me pidió cobrar por adelantado. Él pensaba, al parecer, que había venido a echar una partida al Monopoly y se había dado de bruces con una panda de morosos profesionales, encima retorcidos, cuyo único objetivo era hundirnos en la miseria y hacernos pagar cara nuestra osadía de hacer frente al poderoso. ¿Lo conseguirían?

36 LOS DÍAS MÁS DUROS

Pese a que nadie esperaba una contrademanda por parte del Instituto, ya con la cabeza fría y el mono de trabajo, me di cuenta de que me habían hecho un favor. Judicialmente tenía derecho a defenderme de aquella demanda adulterada y enredosa, algo que en términos jurídicos se conoce como reconvención. O lo que es lo mismo, una contestación formal en la que podía volver a aportar documentos y pruebas. Ver de qué me acusaban me permitió centrar el tiro. Nuevamente, volví a aportar una carga documental esclarecedora y abundante en la que destacaba el pago del IVA de las facturas que me debían. ¿Quién adelantaría un pago de 4.500€ a Hacienda en materia de impuestos si no pensase que tenía derecho a cobrar esas facturas? Básicamente es que no me quedaba otra. Es triste pero así funciona el sistema. Al final, yo, que era el perjudicado y al que tenían que dar un dinero había acabado por adelantar 4.500 a las arcas del Estado y 1.000 y pico al abogado. "Mal negocio éste de la justicia", pensé más de una vez... pero es lo que había. O pasabas por el aro o decías adiós a los 18.000€ que honradamente merecías.

Cierto es que no sabéis el final de esta historia, pero creo que podemos ir sacando una conclusión: la justicia es lenta, es cara y no garantiza nada. Así que ya sabéis, antes de iniciar un pleito, aseguraos de que conocéis los riesgos y de que realmente existen garantías de poder cobrar eso que os deben. A veces, ganar no significa cobrar. Me iré explicando...

Una vez hecha la reconvención, el siguiente paso del proceso judicial era la audiencia previa. ¿En qué consiste? Veréis, las partes (demandado y demandante) se reúnen en el juzgado y se las insta a llegar a un acuerdo para evitar el juicio, principalmente. Obviamente, en nuestro caso el acuerdo era imposible y yo ya le había dejado claro a mi abogado que íbamos a por el último euro. Aquel día Tonino no estuvo presente, delegando en su abogado (su mejor amigo, de un bufete prestigioso) y en su hermano, que hacía de procurador (nexo entre el abogado y el juzgado). Sí, la justicia tiene más filtros que una mascarilla de calidad. Quizás por eso nos habíamos plantado ya en el verano de 2016. Sí, habéis leído bien: 2016. Verano. Casi un año y medio había pasado desde que iniciamos la demanda y apenas andábamos por el paso previo. Era desesperante y más cuando veías cómo el Instituto agotaba siempre al límite sus plazos de respuesta o presentación de documentos. Obviamente su estrategia era clara, estirar el chicle todo lo posible esperando la muerte de Pevype y, por tanto, el archivo del caso. Pero no, Pevype no iba a morir y yo estaba dispuesto a hacer un esfuerzo especial para conseguirlo.

Siendo sincero, las cosas no iban demasiado bien. Por aquel entonces, tan solo contaba con una becaria y una trabajadora con contrato fijo. Había que reducir costes como fuera por lo que tomé varias decisiones importantes. Con todo el dolor de mi corazón, me alejé de lo que más me gustaba. Las retransmisiones deportivas que hacíamos para Centroamérica acabaron por una cuestión práctica: lo audiovisual daba más dinero, aunque era diez veces más aburrido. Decidí fortalecer esa pata y formarme a tope para poder liderar dicho área. Mi particular reenfoque me permitía sobrevivir, pero no vivir. No tengo problemas en admitir que desde mediados de 2015 y hasta que comienza la parte I del libro (enero de 2018) fui una persona triste, me atrevo a decir que casi al borde de la depresión. Era tal mi desazón que llegué a acudir al médico para pedir ayuda psicológica. Mi situación no me permitía ir por la vía privada, por lo que, armándome de valor, acudí al ambulatorio de mi barrio de toda la vida. La sorpresa fue mayúscula cuando la médico de cabecera no dudó en mandarme de vuelta a casa sin derivarme a un psicólogo. Me preguntó si tenía tendencias suicidas. Al decirle que no, se acabaron todas mis opciones de recibir ayuda. Era indignante la frialdad con la que me había despachado. Después de todo lo que me había costado dar el paso... Obviamente acabé pidiendo el cambio de médico de cabecera, pero nunca logré un psicólogo a través de la Seguridad Social.

Estaba agotado. La crisis con el Instituto no sólo me había afectado económicamente, si no que algo no iba bien en mi coco. El banco presionaba para devolver un crédito que se había convertido en un castigo y cada fin de mes era un drama al que llegaba con la soga al cuello y a veces de milagro. Fueron tantas las situaciones límite de las que me salvaba in extremis que a veces llegué a pensar que algo o alguien inexplicable quería que yo siguiera adelante. Buscando una nueva motivación y ahorrar en costes, me mudé a una oficina a las afueras de Madrid a la que podía llegar en bici o incluso andando desde casa. Mi estado mental era tan malo que me molestaba la gente en el Metro, algo que no me había pasado nunca desde que lo empecé a utilizar de un modo diario en 2007 con el inicio de mi etapa universitaria. Saber que no tenía que coger el suburbano hizo que levantarme por las mañanas se hiciera algo menos complicado.

A la situación laboral límite había que añadir un entorno familiar catastrófico. Volver a casa era una tortura, cuando normalmente debería significar todo lo contrario. Mis padres, con los que aún vivía, se pasaban el día a la gresca. No se soportaban y discutían por cualquier nimiedad. Convivir en ese ambiente no era vida. Ni para mí, ni sobre todo para ellos. Fueron varias las veces que los senté frente a frente para hablar claro sobre su situación. Les dije que no podían vivir así el resto de sus vidas, que aún les quedaba mucho tiempo por delante y que necesitaban tomar una decisión. Al igual que me pasó con la médico de cabecera, me mandaron a paseo tomándome por exagerado. Que ellos estaban bien, decían, y que yo estaba sacando la cosas de quicios. Achacaban mi irascibilidad al trabajo y se eximían de toda responsabilidad. Aquello era dramático para mí, pues no había un lugar bajo techo en el que me encontrara en paz. Fue por esto por lo que durante aquel periodo busqué refugios en lugares equivocados, tomando decisiones equivocadas que a día de hoy me pesan y que por respeto a ciertas personas, no relataré.

Y en medio de esta vorágine asomaba en el horizonte el tan ansiado juicio. El mismo quedó fijado para el 30 de noviembre en los juzgados de la Plaza de los Cubos, junto a la Plaza de España de Madrid. Habíamos trabajado en él hasta la extenuación, pero esperábamos sorpresitas de última hora por parte del Instituto. Fijaos lo desconfiados que estábamos que llegamos a temer que llegasen a comprar o convencer a alguno de nuestros testigos para dar una declaración errónea, confusa; en resumen: no certera. Minutos más tarde confirmamos que no andábamos tan desencaminados.

El juicio comenzó con las protestas de un juez que parecía haberse levantado con el pie izquierdo. De un modo poco profesional, se quejó airadamente de la que habíamos liado por una deuda de 18.000€, mientras recorría con su dedo índice el grueso documental que tenía sobre la mesa. El tipo era tan borde y amargado que hasta se quejó de que usásemos la palabra 'streaming' para definir nuestro trabajo en vez de buscar un equivalente en español. Ese era el nivel. Alzaba la voz y se mostraba alterado a la mínima que algún testigo se enrollaba o daba un rodeo para hacer entender mejor la situación. Incluso con uno de ellos se llegó a encarar porque no paraba de reprocharle que se iba por los cerros de Úbeda. Yo, que había sido el primero en declarar, lo veía todo desde el fondo de la sala hecho un manojo de nervios. No había sido fácil mi papel, aunque creo que defendí la causa con rigor y lo más certeramente que pude. Pero claro, las preguntas del abogado del Instituto iban todas encaminadas a que tratase de aclarar el enmarañado contrato. Ante la imposibilidad de hacerlo, recuerdo que le dije al juez: "mire señoría, sé que esto es un verdadero lío, pero es que el contrato se redactó con este fin: que no se pudiese explicar".

Salvo algunos nervios lógicos de nuestros testigos, la cosa fue bastante bien hasta que llegó ella. Una de las personas que trabajaban para el Instituto y que había cobrado su sueldo gracias al movimiento que hice a finales de 2014, mintió. Y además lo hizo descaradamente, dando datos y cifras falsas que eran imposibles de conocer a no ser que Tonino y los suyos le hubiesen dado los detalles. No pude evitar revolverme en la silla más de una vez como si me estuviesen echando agua oxigenada en una herida profunda. ¿Por qué nos estaba haciendo eso? ¿Qué le estaban prometiendo desde el Instituto? Tras varias miradas amenazantes del juez a mi persona, la testigo acabó. Miré a mi abogado con cara de indignación, como queriéndole decir, "¿ves?, te lo dije". ¿De qué narices sirve jurar decir la verdad antes de empezar la declaración si luego la gente se lo salta a la torera? Otra de las incomprensibles injusticias de la justicia.

Una vez más y como ya ocurrió en la audiencia previa, Tonino decidió no presentarse. Como tampoco se presentó el único testigo que ellos habían llamado: su mujer, que por entonces llevaba la contabilidad del Instituto. No sé si el despecho (se acababan de divorciar) o simplemente la dignidad había sido el factor clave de su ausencia. Nadie, salvo la testigo trolera y el abogado amigo defendieron las tesis del Instituto, lo que unido a una reprimenda del juez por haberse sacado la cifra de los 13.000€ que nos reclamaban de la manga, parecían sembrar de esperanza el pleito. Con su ya habitual simpatía, su señoría citó las famosas palabras: "visto para sentencia". Ahora solo quedaba esperar, otra vez.

37 SENTENCIA

No sé si de un modo simbólico, pero lo cierto es que la sentencia salió el día de la lotería de Navidad. Me la comunicó mi abogado por teléfono y con una voz tan aliviada que parecía acabar de haber dado a luz a un muchacho. El juez nos daba la razón pero no nos reconocía la cantidad íntegra que pedíamos. La cifra se quedó en torno a unos 14.000 de los casi 18.000 que nos correspondían, por lo que no pude evitar sentir de primeras una sensación de amargura. No obstante, se me pasó en cuanto leí la sentencia íntegra. Recuerdo que lo hice en una taberna irlandesa, junto con Hannah, la única empleada de Pevype que resistía al paso del tiempo. La película que se había montado el juez demostraba que no se había enterado de nada. Aún sigo sin saber de dónde sacó la cifra de 14.000, y es que si llega a poner 19, 7, 3 o 24 habría sido igual de incomprensible.

Tardé un par de días en sentirme plenamente satisfecho por el resultado. La gente me llamaba, me daba la enhorabuena y me pedía que lo mirara con perspectiva. Habíamos vencido a Goliat con una honda y una piedra para ejercer justicia poética por todos aquellos que no habían tenido el valor de parar los pies a aquellos señores. Sin embargo mi sensación con el sistema judicial seguía siendo amarga. Yo, que quería haber ganado aquel partido de un modo claro y con un buen gol por la escuadra, tenía la sensación de que el juez se había acabado tropezando y metiendo un tanto a nuestro favor de rebote y con el culo. Su interpretación plasmada en la sentencia me molestaba sobremanera. Con el bombardeo de pruebas y testigos que habíamos llevado, él había decidido agarrarse a un criterio fino, débil e inexplicable.

Días más tarde, en concreto los máximos posibles para llevar a la prórroga aquel pleito, volvimos a tener noticias del Instituto. No le vi la cara a mi abogado porque me lo contó por teléfono, pero a buen seguro no habría desentonado lo más mínimo entre las fachadas de los pueblos blancos malagueños. Nuestro amigo Tonino y compañía habían decidido presentar un recurso a la sentencia ante la Audiencia Provincial de Madrid. De nuevo manifestaban su rechazo a la misma y volvían a reclamarnos 13.000€. ¡Otra vez! Estábamos en 2017 y el asunto volvía al punto de partida, pero ahora en un nuevo estamento judicial y sin la posibilidad de juicio mediante. Los jueces de la Audiencia tendrían de nuevo que interpretar el caso con el material anterior y el juicio ya celebrado, para corroborar la decisión de su colega o modificarla.

Aquella maniobra del Instituto era ya de cuarto o quinto de estafador. Volvían a estirar el chicle obligándonos a sobrevivir al menos medio año más si queríamos seguir teniendo opciones de ver un duro de aquella causa. Ahora bien, nos ponían también contra la espada y la pared ya que teníamos que decidir si estábamos o no de acuerdo con la sentencia anterior. Yo no lo estaba, para nada y no me extrañaba que desde la parte contraria se hubieran tirado como lobos a revocar aquel texto tan poco fundamentado. No obstante, mi abogado me aconsejó optar por la postura conformista, no sé si por miedo, no sé si por sensatez. Si decíamos estar en contra y reclamar los 18.000€ podía resultar contraproducente (o eso decía él), así que nos decantamos por no decir nada y conformarnos con los 14. ¿Sería un error?

Antes de continuar con el relato, dejadme que os aclare y recuerde las fases de un pleito de reconocimiento de deuda. La primera, como recordaréis era iniciar un proceso monitorio: rápida, barata pero escasamente efectiva (no vinculante). Por eso nosotros nos la saltamos para acudir directamente al segundo peldaño: el Juzgado de Primera Instancia. De ahí, se puede volver a recurrir como había ocurrido con el Instituto a la Audiencia Provincial. Y sí, queridos, hay incluso una cuarta vía que es el Tribunal Supremo, aunque dudo mucho que admitan a trámite un caso tan mierdecilla como éste, aunque yo ya con el Instituto me esperaba de todo. Con este resumen, no os quiero desanimar a la hora de recurrir y reclamar deudas, pues estirar el chicle cuesta tiempo y sobre todo dinero. Pero claro, cuando el abogado es tu mejor amigo y el procurador, tu hermano, no pierdes nada. Así, con razón, decía Tonino que a él le ponían la alfombra roja en los juzgados.

La variable tiempo es casi más importante que la económica, la que prima en mi crítica hacia el sistema judicial. Una pyme, un autónomo, gente normal en definitiva, no puede aguantar dos y tres años a la espera de un reconocimiento de deuda. No puede ser, es inaceptable. Y lo que es peor, sin garantía de nada. Para PEVYPE, 18.000€ suponían una buena porción del pastel de facturación en un año, pero para muchos autónomos esa cifra es con la que viven todo un año. Urge que alguien tome cartas en el asunto cuanto antes. La morosidad campa a sus anchas por España y nadie habla de ello. ¿Será por algo?

Dejando a un lado este pequeño paréntesis, os contaré que la Audiencia Provincial pronunció su fallo a finales del mes de septiembre de 2017. Por aquel entonces el ciclo se había cerrado y volvía a estar solo al frente de PEVYPE. No quedaba nadie a mi lado salvo Ona, la gata. Lógicamente mi persona no era la misma de 2012. Acumulaba experiencia, conocimientos que ni podía imaginar pero también un saco de decepciones al que había que añadir una buena carga de hastío. Estaba al límite y las noticias que me trajo mi abogado no ayudarían a revertir la situación. La Audiencia Provincial volvía a darnos la razón, pero nos rebajaba a 12.000€ la cantidad que teníamos derecho a percibir. Más de 6.000€ se habían ido al limbo en otra sentencia que nada tenía que envidiar a la primera. No quedaba más que resignarse y desear con fuerza que aquella tortura acabara de una vez. Pasados los 30 días siguientes para recurrir, el pleito acabó. Como bien adivinó mi abogado, el Instituto no tuvo valor de llevar el caso al Supremo y se conformó con aquella derrota edulcorada. No me podía creer que tres años después del inicio de los impagos la situación hubiese llegado a su fin. No me podía creer que el Instituto dejara las armas. Tanto silencio me incomodaba y no me daba buena espina.

En efecto no me equivocaba. El nuevo plazo del Instituto para hacer frente a la deuda caducó. ¿Y ahora qué?, pregunté a mi abogado. Tocaba pedir la ejecución de sentencia, pero las noticias que llegaron desde el juzgado no podían ser peores. Investigadas las cuentas del Instituto, todas estaban a cero o en números rojos. Tampoco había propiedades embargables al nombre de la sociedad. No se podía hacer nada salvo ordenar el embargo de cuentas y esperar un milagro. A día de hoy, mientras escribo estas líneas, lo sigo esperando. He perdido toda esperanza de ver ese dinero que un día me fue negado, pero me queda la satisfacción de haber hundido y cerrado aquel negocio, por más que de vez en cuando lo intenten reanimar con alguna sociedad pantalla modificando el nombre del Instituto.

Dado que no iba a ver ni un duro de aquel dinero, quise recuperar el IVA de las facturas del cuarto trimestre de 2014 que tuve que abonar para dar fe de que eran ciertas y no me las había sacado de la manga. Desde Hacienda, le comunicaron a mi asesora que había pasado demasiado tiempo y que después de un año eso era irrecurrible. Era lo que me faltaba por escuchar: ¿pero qué pleito se resuelve en menos de un año? Anda que el Estado te va a dejar estar tanto tiempo sin pagar el IVA… Entre unas cosas y otras, la Santa Alianza que formaban Hacienda, la justicia y el moroso, me había hecho, además de no recuperar los 18.000€, perder 6.000€ en concepto de IVA, costas judiciales y abogado. Un negocio redondo del que solo podía extraer algo positivo: sumar una experiencia más a mi vida como empresario. Enriquecedora, desde luego, pero frustrante hasta la médula.

Meses más tarde, y ya con la parte I del libro (inicios de 2018) en pleno desarrollo, recibí una llamada desde África. Obviamente no tenía aquel teléfono guardado en la agenda, por lo que contesté con cierto recelo. Una voz afable y animada saludó, preguntando si esto era PEVYPE. Le dije que sí, que bueno, era mi móvil personal, pero que sí, vaya. Acto seguido se identificó. Aquel señor era Iñaki, el último contable del Instituto con el que tuve aquellas reuniones tan tensas en enero de 2015 ya fuera de sus instalaciones. El fiel secuaz de Tonino que me había negado la mayor y se había tragado la contabilidad falsa del Instituto, necesitaba mi ayuda. Como si de una gesta medieval se tratase, había llegado a sus oídos mi victoria judicial sobre el Instituto. Me lo soltó con sorpresa, el imbécil, a lo que yo repliqué serenamente con un: "ya te lo dije". Sin ápice de arrepentimiento o un perdón de su boca, me empezó a bombardear con preguntas que buscaban un fin: Iñaki iba a demandar también al Instituto por estafa y nóminas impagadas por un total de 60.000€. Con toda su experiencia, sus trabajos previos y sus títulos honorables, había sido engañado y ahora venía pidiendo ayuda al emprendedor de barrio al que despreció con aristocrática soberbia.

¿Debía guardar rencor a aquel señor y mandarle a su casa? Posiblemente, el emprendedor de la parte II de este libro hubiera colgado el teléfono de inmediato, pero en 2018 yo ya había cambiado. El aire soplaba de otro modo, no por nada en especial, sino porque yo mismo había girado las velas en la dirección correcta. De un modo maduro decidí ayudar a Iñaki, quien con todo su dinero y un súper abogado se la pegó de lo lindo en el juicio. El ridículo fue espantoso y mi testimonio sirvió de poco. Aquel día el moroso de Tonino, que sí que estuvo presente, gozó de alfombra roja y de terciopelo, diría yo.

Mientras abandonaba el juzgado no pude evitar esbozar en mi rostro una pequeña sonrisa. Recordé aquellos días en los que, a lo Sherlock Holmes, logré recabar una inmensa cuantía de pruebas que una a una fui tirando a la cara del Instituto. Recordé cómo con trabajo y sacrificio, un mierdecilla había puesto en jaque al 'Dream Team' de los pleitos. Recordar me sirvió para corroborar que cuando me propongo algo, por más obstáculos que encuentre, es complicado pararme. Que lo intenten.

EPÍLOGO

Como ya se avisa en la portada del libro, sí, todo lo que habéis leído es cierto. No obstante, algunos de los nombres que aparecen en el relato no son reales aunque los personajes a los que representan están vivitos y coleando. Pese a que no lo he tenido que hacer con demasiados (creo que dos o tres), he creído conveniente cubrirme las espaldas por si las moscas. Como habréis comprobado he recibido bastante dosis de jarabe jurídico como para exponerme a una nueva cucharada.

Ahora bien, si habéis llegado hasta aquí, permitidme que os dé las gracias por el interés y por compartir conmigo esta aventura. He tratado de ser lo más sincero que he podido para que entendáis y valoréis de primera mano algunas de las situaciones a las que puede llevaros el camino emprendedor. Pero dejemos clara una cosa: mi historia es simplemente eso, mi historia. Ni es mejor ni peor que las demás. Y ni mucho menos la podemos catalogar de ejemplar. Es precisamente por eso por lo que la comparto, porque es real como la vida misma. Llena de desengaños, golpes, risas, lloros, éxitos y pequeñas conquistas.

En todo momento he querido huir del papel de gurú. De ese tío o tía que os dice que os lancéis a emprender sin haberlo hecho él mismo. De esa persona que, con el colchón de billetes familiar de salvavidas, os asegura que no pasa nada por fracasar ya que en Estados Unidos eso se valora bien en el currículum. Que se vayan a paseo. Todos. Fracasar es una mierda y puede llegar a ser un drama para toda la vida si arriesgas más de la cuenta.

Este libro se aleja también del modelo de los carísimos másters y MBA de escuelas de negocio para intentar ayudar con un lenguaje práctico, claro y cercano a aquellos a los que el sistema abandona a su suerte. Aquellos a los que nadie les dará, ni facilitará, nunca la oportunidad de escoger un camino diferente al establecido. Por eso, con que este libro sea capaz de ayudar tan solo a una persona a vivir de otra manera me daré por satisfecho. Eso sí, escribidme para decírmelo, por favor. Nada me podría hacer más ilusión.

ACERCA DEL AUTOR

JM Escobar Requena (Madrid, 1989) es licenciado en Ciencias de la Información por la Universidad Complutense de Madrid. Pese a su edad, posee una amplia experiencia en el mundo empresarial. Con tan solo 23 años (en 2012) fundó su primera compañía: una productora audiovisual cuya historia es relatada en este libro. 4 años más tarde, a los 27, fundaría su segunda empresa: la marca de bicicletas de diseño Da'FatCat.

Periodista de formación, dio sus primeros pasos en medios de comunicación como Onda Cero, Antena 3, Radio Nacional de España, el diario Marca o el ya extinto digital, Palco Deportivo.

En la actualidad, da charlas y ejerce de mentor en diferentes proyectos de emprendimiento. Su apego a la realidad y la amena cercanía con la que aborda dicha temática le valieron para pasar a formar parte, en 2019, de la red de expertos del Informe GEM (Global Entrepreneurship Monitor) de la Comunidad de Madrid. Una prestigiosa iniciativa sin ánimo de lucro que monitoriza la actividad emprendedora en diferentes países y regiones.

En su obra literaria debut, el autor plasma su aférrima defensa por la igualdad de oportunidades, además de abogar por una reforma del sistema educativo que fomente el espíritu crítico y emprendedor de las generaciones futuras.

www.ingramcontent.com/pod-product-compliance
Lightning Source LLC
Chambersburg PA
CBHW060829220526
45466CB00003B/1034